心理勵志·BBP396

在世界地圖上找到自己

嚴長壽——著

第二部

在世界地圖上，找到台灣的定位

第三部

在世界地圖上，找到地方的定位 116

前言

「未來」已經成為現在

時間的腳步飛快流逝，二〇〇八年三月三十一日，在台灣政黨二度輪替的同一時間，我出版了《我所看見的未來》。這本書前後花費將近三年的時間寫作，是無意，也是巧合，就碰巧在這種關鍵的時刻出版。在寫作之際，我無法預設誰當選、哪個政黨執政，台灣經過之前八年的混亂、貪腐及停滯之後，我期許新的執政者，能夠看清台灣正處在向上提升或繼續沉淪的「轉捩點」。這是我出書的唯一初心。

當時我正積極籌備「公益平台」，做為一個有四十五年資歷的觀光界老兵，我一路見證了台灣改變的過程，也參與無數行銷台灣、包裝台灣的構想。直到當時卸下亞都飯店總裁及「台灣觀光協會」會長的角色，我的觀光生涯算是到了一個畫句點的時候。因此《我所看見的未來》便帶著將畢生學習與見證收納為「畢業報告」的心情，期盼它廣為傳播，同時內化為社會各階層的共識，暗自期許或許有人可以接棒，讓我九局下半的人生，得以重新啟動。

即便這本書在當時曾有很大的迴響，可是後來的發展，並未朝我們預期的方向前進。最希望能做的事情，因為沒有共識，政策沒有擬定，當然不可能執行。

曾經的太平盛世

八年前我所看見的「未來」，如今已經成為「現在」，而時間並沒有站在我們這一邊。大家盲目地以為好日子會永遠過下去，然而我所看到的當前卻是：「無一不知，無一能改。」可嘆又無奈的處境。

多年前的台灣曾經很有機會往下一輪太平盛世發展。但是機會如雲朵，來去聚散，時移事易，沒有永恆不變的江山。

鏡頭回推，五〇年代開始，亞洲在二次世界大戰後逐步復甦，戰敗的日本在美國援助下重建經濟，積極發展重工業。汽車、電子產業快速成長，日本各大企業迅速崛起，「Made in Japan」是亞洲經濟起飛的第一步。隨著日本經濟快速成長，成本跟著高漲，產業版圖位移，美國尋找新的合作夥伴。七〇年代，機會的雲朵來到了台灣的上空。

當時中國與西方世界對立，政策封閉；越南剛打完越戰，百廢待舉；其他的東南亞國家，如菲律賓、馬來西亞，政經情勢尚未安定，問題層出不窮……，香港、新加坡固然不錯，但腹地太小，無法發展工業。於是，機會便翩然降臨到腹地最大、人口最多、勞力最密集且便宜的台灣。那時的台灣人很爭氣，即使沒有邦交，仍勇敢提著手提箱走向世界。這種「一卡皮箱」的精神，讓台灣人牢牢把握住，一躍成為世界舞台要角，也造就「Made in Taiwan」世界工廠的顛峰。

此後短短三十年間，台灣一路由傳統的農業出口、製造業出口之後，轉而邁向科技出口三階段。形成美國是「設計的頭腦」，而台灣則是那雙「代工的手」，也成就日後「台灣矽谷」美名。

在世界地圖上漸漸消失

九〇年代，改革開放後的大陸經濟大幅改善，台灣的製造業與高科技接連外移，讓大陸成為新的代工雙手。而我們卻沒有讓自己及時轉化為進階人才的培訓與供應中心，以致台灣從技術、科技、服務，乃至文化人才都被大量吸走。

緊接著，台灣年輕人在九〇年代末期，因為經濟優渥而出國留學人數開始驟降。即使出國也僅想快速拿到學位，回國搶占台灣正加速膨脹的大學教授職缺。加上彼時「本土優先」的意識形態當道，台灣幾乎處於鎖國狀態。其結果無論在公（政府）、私（個人）部門都缺乏精深的國際化人才培養系統，《紐約時報》專欄作家湯瑪斯・佛里曼（Thomas Friedman）曾提到台灣最值得讚許的「腦礦」優勢，其實現況早已過了高點，難掩日薄西山頹勢了。

離開旅館業第一線這十年來，原本我已經打算將黃昏般的餘生專注於「公益平台」及偏鄉教育改革，不再介入其他議題。時隔八年，決定寫這本書之前，我好幾天輾轉反側睡不著覺。眼見我們在世界地圖上漸漸成為「消失中的台灣」，處境如此艱難，我明明知道勢不可為，仍然無法駕馭那無可救藥的熱忱，總希望能做多少就做多少。因為實在不想等四年之後，再度說同樣的話。

如果我們將「地圖」視為隱喻，其實自一九七一年退出聯合國，台灣可以說已在國際政治地圖上消失了；而後隨著大陸的崛起，台灣也漸漸快在世界產業地圖上消失。偏偏這時候，台灣大量虛增了各式由職校、專科快速轉型的大學，供過於求之下，間接又摧毀了原本扎實的基礎技職教育體系。僵化的教育體系與不合時宜的教材內涵，加上網路通訊工具快速崛起，正面負面的資訊快速擴散，也直接影響了公民的思辨能力。至此，台灣的教育亦在世界地圖上消失了。而我最熟悉的觀光與文化也失去了定位及方向，無法永續。

換言之，台灣必須重新尋找自己在世界地圖中的明確定位。

迷航的島

英國名作家路易士．卡羅（Lewis Carroll）的《愛麗絲夢遊仙境》有一段經典對白：

愛麗絲問：「這裡是哪裡？」

精靈反問她：「你想要去哪裡？」

愛麗絲說：「我不知道。」

最後她得到的答案是：「如果你不知道自己要去哪裡，那麼你現在在哪裡一點都不重要。」

當世界正劇烈改變之際，台灣無論在政治、經濟、文化各方面幾乎停滯不前，過往給我們好日子的「機會雲朵」飄走了、經濟存糧用罄了、人才存糧耗竭了……。眼前的台灣就像迷航的愛麗絲。

自得自滿的苦果

機會來了要警覺，切勿躊躇滿志，自鳴得意。如今回過頭來才看到，我們在那個黃金時代，政治人物太過自信，以為經濟會無限成長，忽略了那時最應該為下一階段發展蓄積能量。趁著榮景，為下一代的發展找出路，同時利用巔峰的優勢，努力跟世界做朋友。然而，我們卻什麼都沒有做。

而今面對強國崛起、科技的發展、東南亞強鄰紛紛找到自己的出路，坦白說，此時此刻的台灣，比起八年前的處境更加險峻。前方的路已經崩塌了，我有一種深刻的焦慮與危機感。以我們目前身處的劣勢，在外交上失去舞台、經濟上面對各國保護主義興起、國內政治情勢持續惡化，即便從現在開始，我們整合全國力量，擺脫成見、通力合作，努力追趕十年、二十年，都未必能克服那些已經造成的事實。更何況各黨派無視世界危機，毫無共識與合作的空間，我們在這樣的分歧之下，可能連現狀都保持不了，其他就不要談了。

這還不只是一個經濟的危機，而是我們要如何掌握住僅存的經濟、人才、文化、民主的存糧，刻不容緩為台灣下一代的未來找到新的定位。就像家長告訴兒女，家裡只剩手頭這些錢財了，我們該怎麼善用這些僅剩的寶貴財產？如何放掉個人不同的欲望，擬定優先次序，找到繼續生存下來的方法？

我是個天生無可救藥的熱情者，即使在冷靜、理性狀況下，知道自己何事可為，何事不可為。但是當感性升起時，明明知道對的方向、對的出路，我還是無法控制自己感性的一面秉筆直書，更何況是對這片自己關愛的土地。

找到機會加溫、點亮

世界是我們生存的舞台，每個人都必須找到出路，如何在世界地圖上重新找到台灣的定位？文化與觀光的定位？企業或組織的定位？教育的定位？年輕人未來的定位？不啻是此刻最重要的議題。

過去已經發生的，不可逆的錯誤就不再提出，我只希望仍然能找到可以施力的作用點。有專家指出，一項議題的討論及傳播可以概分為：「加溫」、「點亮」、「找到解決方案」（heating / lighting / solution）三種階段。依此看法，這本書希望針對我所看到的一些問題，仍有機會可以加溫、有些從不同角度可以看到光亮、有些則能找到解決方案。

然而，我必須很忠實地說，我們所做的遠遠太少太少。親愛的讀者，請容許我在這本書中，以赤誠之心期勉大家共同向前。我希望利用個人從事國際事務及偏鄉公益的觀察與各個分享，努力在世界的地圖上、在自己所知的局部範圍內，為台灣重新找到自己。

我們都在同一條船上，台灣人民在很多問題上各執己見、習於分裂、互相攻訐。潛在原因在於，很多人似乎誤以為我們可以分乘很多艘船，所以沒有「命運與共」的一體感。然而事實卻是，我們只在這同一艘船上，台灣未來到底是「受惠」或是「受難」，不論是哪一種命運，都是全民共同承擔。如果我們以共好之心，社會必將更安定、更寬廣、更有希望。

天打雷劈都要做

我是很好面子的人，這不是指個人的面子，當我代表公司，我希望公司被客戶認同稱讚；一旦我出國門代表國家，我希望自己的國家被人尊敬與喜愛。當我們一直用這樣的角度衡量，就會期待我們可以做得更好，或者進一步如果大家都這樣想的話，台灣社會一定可以走得更穩健長遠。

在此，謹以虛心坦懷，誠心敬虔的態度提出我的看法，我衷心期待這本《在世界地圖上找到自己》可以當作我們全體社會與公民凝聚「共識」的一個引子。

電影「一代宗師」中有句話：「該燒香燒香，該吃飯吃飯，該辦的事，天打雷劈也得辦。」我們已經上無長輩，未來也不能靠祭拜神明，站在懸崖邊的台灣，已別無退路。我們只能期許自己拿出鑄山煮海的氣魄，謀求台灣最好的可能。希望這本書能幫助我們的國家、我們的社會、我們的年輕人，在世界的地圖中，找到自己的定位。

「該辦的事，天打雷劈也得辦！」

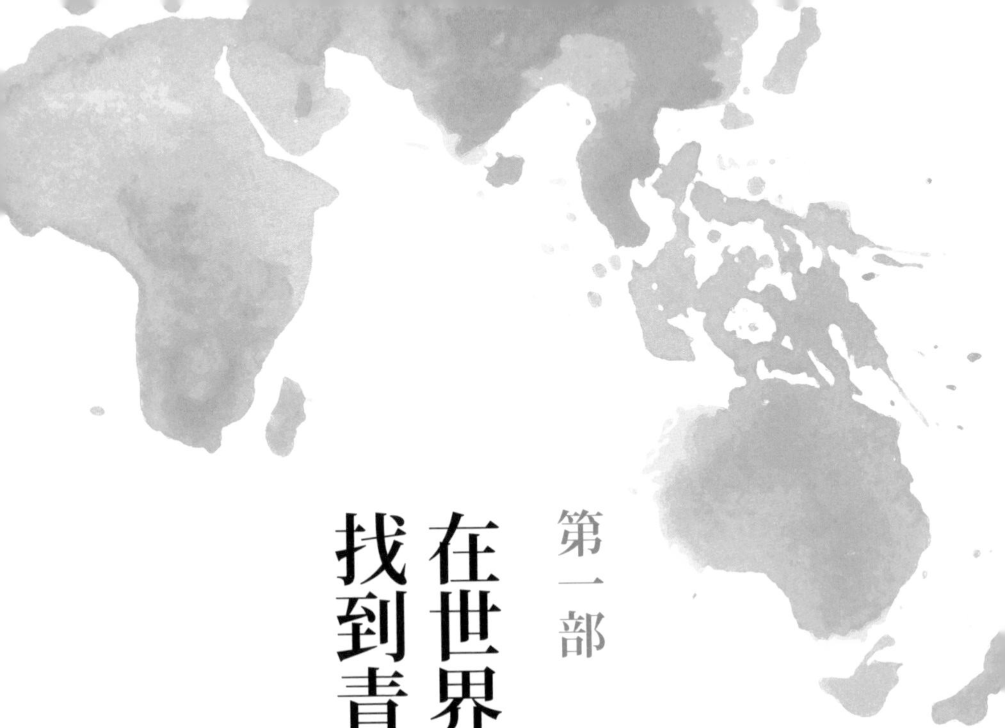

第一部

在世界地圖上，找到青年的定位

科技的進展排山倒海、來勢洶洶，
機器人聰明、高效、勤奮，會思考、會學習，
不需要薪水，不需要休息，
ＡＩ人工智慧將取代白領職位，
其衝擊遠大於工業革命。

面對此世界大趨勢，
青年要如何在未來的科技社會中，
充實自我的能力？
找到自己獨特的定位？

今日的教育，又該如何翻轉，
才能培養出未來的人才？
這是你我最急迫的課題。

1.

科技浪潮下，青年的未來何在？

二〇一六年三月，Google 人工智能程式 AlphaGo 以四比一的成績，打敗南韓圍棋九段棋手、世界排名頂尖的李世乭，震驚世界。

其實早在二〇一五年十月，AlphaGo 就先一步挑戰歐洲圍棋冠軍樊麾，以五盤全勝的佳績獲勝。Google 先以圍棋專家的三千萬個棋步來訓練神經網路，一直到預測準確度達到百分之五十七，棋力與專業棋手差不多，於是進一步讓 AlphaGo 的神經網路彼此交戰以強化學習，再挑戰各大圍棋程式培養棋力，逐步學習進化。可以說，當 AlphaGo 在象徵人類最高智能展現的圍棋競賽獲勝時，就已實際證明人工智慧系統早以超前的速度開上了高速公路。

圍棋界頂尖棋士大感憂心，甚至提出專書、論文探討，如果連最複雜、最高難度的圍棋賽局，都被電腦「人工智能」攻城略地了，那麼「人類智能」還剩下什麼？最近我看到來自矽谷創投界提出的一項報告〈預測ＡＩ後的十年大未來〉，令人感到無比震愕。

來自矽谷的預言

人工智能（AI，Artificial Intelligence）的發展，配合更高速度的積體電路，科技正在高速進展。短短五到十年之後，醫療健保、自駕汽車、教育、服務業都將面臨被淘汰的危機。報告中率先舉了兩個大家耳熟能詳的例子。Uber 是一家軟體公司，它並沒有擁用汽車，卻能夠讓你「隨叫隨到」有汽車坐；現在，它已是全球最大的 Taxi 公司了。另一家現在很紅的 airbnb 也是一家軟體公司，它也並未擁有任何旅館，但它的軟體讓你能夠住進世界各地的出租房間；現在，它已是全球最大的旅館業了。

這份大膽的矽谷預言更指出，人工智慧影響範圍總合了人類的所有生活，包括高超的自動駕駛大大減少車禍傷亡，保險公司會面臨更激烈的倒閉風潮。同時，汽車工業的未來也將被整個改寫，許多傳統車輛會消失，空出來的停車場變成公園，農夫也將變成操作管理機械人的經理。

人工智能利用「自我學習」軟體，加速進步的幅度與精確性，達到比專家原先預期提前十年的成就。日後，電腦軟體將運用這樣強大的能力幫病人檢驗癌症，而且比醫生的診斷正確四倍。我有一位在矽谷做醫學研究的朋友告訴我，以前心臟科醫師要訓練出能夠靠聽診判別出病人正確心臟雜音的精準度，要經過長年經驗的累積。而等到經驗成熟時，年紀大了，聽力也減弱了，又成為另一個衰退期。而現在發明的偵測器，利用電腦自我學習成千上萬的經驗累積，連一個年輕醫師都可以快速得到結論。同樣的，AI能夠在幾秒內，締造出百分之九十準確性的法律顧問效能，比起七成的律師更便捷又便宜。未來，家長還會鼓勵子女苦讀法律系考律師嗎？

文章推估，不出幾年，亦即不久之後的二〇二〇年，全球七成人口會有自己的手機（手機將大幅降價，非洲一只智慧型手機只需十美元），所以能夠上網接受世界級的教育，因而很多傳統老師的工作將由電腦取代。各種警訊告訴我們，二十年內，百分之七十的工作很可能會消失，即使有很多新的工作機會，但仍不足以彌補被智能機器所取代的原有工作。文中更言之鑿鑿：「屆時所有的『小學生』都要會寫程式（Code），你如果不會，便無法在現代社會立足。」

這只是一份科技人的狂想嗎?!不全然是。

事實上，很多例子已經有不同程度的顯現。創新工場董事長李開復就證實、也呼應這樣的看法。他接受專訪及演講中都多次提到，「人工智慧將使所有產業都受到衝擊。」

大學時代就開發人工智慧機器人「奧賽羅」、打敗世界黑白棋冠軍的李開復，是科技內行人，他知道當 AlphaGo 勝出之際，就是人腦被迫退位之時。樂觀一點來看，這是人腦與人工智慧協同分工的時代來臨了。

他推估，十年內，一半的白領智慧工作，包括任何帶有「助理」、「代理」、「經紀」和「師」的腦力白領，都有可能被取代。金融分析師、醫師、律師、教師這四個行業將受到極大的衝擊。

這一波衝擊，遠大於工業革命對人類的影響。而很抱歉的是，這已經是現在進行式！

十五年前，華爾街的分析師和交易員就陸續被機器取代，從十萬人減少到五萬人，未來可能將只剩下少數極端聰明、頂尖的人無法被機器取代。

《紐約時報》也指出，美國已經有好幾家大型律師事務所，以人工智慧代替律師來調查案件。因為人工智慧知道所有條文和判例，同時可以綜合歸納、給出建議，只要一名律師加上人工智慧，就能完成過去五百人才能做完的工作。

同理，人工智慧亦將局部取代醫生的工作。李開復認為，醫療進步的速度很快，忙於看診的醫生，鮮少有心力一直追蹤各種新研究、新藥物、新器材，而且每位病患都是獨一無二的，基因排序解讀起來複雜如天文數字，又該如何治療、如何下藥、如何找到標靶？借助人工智能判讀海量病例，可以為每位病人找到最適療法，甚至做出超越醫生終身經驗值的判斷。

至於教師更是明顯，人工智慧可以輔助老師教學，學生要是在哪一個環節碰到問題沒搞通，它還會專門針對這問題再為學生訓練。一般老師不可能做到具有差異性的客製化教學。

其實從另一個角度看，從工業革命以來，機器取代人類這件事情，從來未曾停止過。以美國為例，在一九〇〇年前後，他們有百分之四十的人口從事農業，而現今真正從事農業的人口則僅存百分之二，當時之所以沒有因此而引發重大失業潮，是因為美國政府把大量的年輕人留在學校，運用教育來改變這些民眾，成為適應新世代所需求的人力。這是美國政府最大的投資，也是最成功的一項投資。

過去這麼多年來，ATM的誕生同樣也取代了無數人的工作，但是美國銀行的工作人口卻反而增加了百分之五十，因為他們從原本刻板的工作，轉而提升為各種投資理財產品的包裝、設計、行銷、業務與管理……等任務。總結來說，這一切都要回歸到教育，政府必須在了解世界趨勢之後，懂得善用新的未來科技工具，最後轉化為教育未來可以生存的人才！

培養未來的能力

不久之前，我應邀與芬蘭教改專家、「國家教育委員會」課綱主席哈樂琳（Irmeli Halinen），共同在師大演講。她提到芬蘭教改的最新趨勢：從二〇一六年八月，芬蘭全面推出新的中小學課綱，大幅調整七至十六歲學生的學習重點和教授方式。未來，各地學校將把教學重心從數學、歷史等傳統科目，轉移到更廣泛、跨領域的主題層面。

今日的世界愈來愈科技化、全球化，而且面臨了永續發展的挑戰。現在出生的孩子們，非常可能會工作到二〇七〇～二〇八〇年才退休。生活和工作所需要的能力、未來社會與工作環境到底如何，根本是我們這種「老人」完全無法想像的。

因此，教育工作者必須不斷重新思考教育的基本「目的」與「定位」。從未來看現在，很明顯的，單單精通一種科目，已無法跟上不斷變動的世界。因此芬蘭教改的新課綱總目標，是培養孩子跨領域的七種橫向能力（transversal competences），包括：「思考與學習的能力」、「文化識讀、互動與表述能力」、「自我照顧、日常生活技能與保護自身安全的能力」、「多元識讀」（multi-literacy）、「數位能力」、「工作生活能力與創業精神」、「參與、影響，並為永續未來負責」等。

這七大能力涵蓋知識、技能、價值、態度，也包含在不同情境使用這些技能的能力，甚至使用這些能力時，應遵守的倫理規範。為了這項變革，將來芬蘭中小學除了必學的數學、語文、歷史、藝術、音樂等傳統科目外，將會導入「主題式學習」（Phenomenon-based learning）。學習著重現象和事件，整合相關主題下的不同學科，探索真實世界的各種現象，思考因應社會挑戰的可行辦法，學到從容面對二十一世紀的重要能力。例如，若以「歐盟」為主題，課程就會結合歐盟國家的歷史、地理、貨幣等各項科目。更重要的是，學生還必須主動參與課程設計。

學生的擔責一改變，芬蘭老師的角色當然就有更大的調整。從二〇一三年開始，芬蘭就要求每個老師都要設計主題式教學的專案。原本只專注某個科目的老師，現在必須跟其他科目的老師合作，共同設計跨學科的教學計畫。

令我最佩服的是，芬蘭在教育上即使已經是公認的世界第一、也是全球許多國家的取經範本，但芬蘭教改的腳步沒有因此停下。聰明的芬蘭人仍如此戒慎於未來，且不斷謙卑反思。

看看別人，回想自己，台灣停滯的教育令人非常擔憂。就連這個在師大舉行的座談，我原以為大家是為了芬蘭教育專家哈樂琳而來，安排由我先講。可是當我講完之後，我很訝異座下的聽眾竟有三分之一離席。令我感嘆這些教育的參與者、老師，何以對世界教育趨勢如此無感？或許所有教育參與者都有相當的無奈，或許他們比我更清楚這位芬蘭專家所說的，沒有一件事是我們沒有想到，卻也沒有一件事我們可以做到。深究其中原因，我想就在於芬蘭每十年就教改一次，所有第一線教育工作人員都知道要「隨時適變」，同時預備了必須

「與時俱進」的心態。

老師角色重新定位

世界教育大趨勢就好比「龍珠」，政策主導者是「龍頭」，之後「龍身」的擺動便是政策的執行。龍頭在動的時候，要往下貫串，整個龍身要跟著擺動，若只有龍頭動而龍身不擺的話，政策根本是虛而未執，也是枉然。

我們要緊盯龍珠，抓緊世界趨勢，並且從中萃取自己的優勢。「龍頭」定下對的「定位」，再從中找到「共識」，最後形成「政策」，執行細則的「規劃」，人才的「培訓」，最後先「試行」、評估、修正，再執行、評鑑。任何策略都必須走過這一道道歷程，這也是最簡單的管理哲學。

可惜的是，台灣教育可以說半個世紀不變，幾次想要改革，「龍頭」都先陣亡了，當然也沒有後續任何執行的效果。

偏偏這幾年的科技發展，不斷顛覆學習的方法與可能性。單單過去五年內，利用網路通訊的發達為載具，線上學習突飛猛進，無校園的線上大學革命性發展。由 Khan Academy、Coursera、MOOCs、edX、Udacity 帶動的線上開放課程風潮，乃至深受歡迎的TED十八分鐘論壇，各種線上即時課程推陳出新。學習不再局限於傳統封閉的教室，只要打開電腦連上網路，隨時可以從螢幕上接受國際名校名師的一流課程。教育面臨了全面性的挑戰。

不論是偏鄉還是城市，不論是窮人還是富人，人人都有相同的受教權。如何在世界地圖上找到未來的自己，世界級的免費線上課程應該是答案之一。你可以在其中隨時選課，反覆理解，而且從小學到大學，從普及到精深的學問都有。

當數位學習普及，資訊如此透明化之下，老師的角色也從過去站在講台上「注水入壺」單一內容的傳授者、提供者，上對下的知識授與者，調整成各方資訊與知識的「整合者」、課堂討論的「主持者」、深度思考的「啟發者」等新角色。

人類的追求，要獨一無二

教育做為啟發者的要義，是要讓人成為一個「真正的人」，建構其無法取代、不可替換的特質。若只是重複大量的資料學習，人腦一定比不過電腦，人腦考試也考不過電腦。因此教育不是填塞已知的知識材料，而是培養運用知識的創造能力。

有別於以成績評斷孩子學習表現的主流填鴨式教育，華德福教育根據孩子在每個週期中的特色及發展狀況，給予正確的教育方式。孩子們在「玩」中學習，跟著大自然的韻律上課，在大量的「故事」中激盪無限的想像空間，在「藝術」中開展細緻的美感，在「戲劇」中探尋自我。他們「走出教室」體驗自己與世界的關係，放心地用自己的節奏與步伐，去發展出自己獨一無二的天賦，成為一個自由人。

這是我一直推崇類似「華德福」等各種實驗性教育的原因，也是我們一直試圖以具探索性的方式，努力在偏鄉小校推動教育改革的緣故。同時我們也以「誠致教育基金會」所建構的「均一教育平台」線上課程，讓進度落後的學生有重新投入學習軌道的機會，成就每一個孩子，使孩子成為學習的主人，進而實現個人化教育的夢想！

老師的工作或許不會被淘汰，但老師的觀念與教學方法卻絕對必須改變。

科技最終又回歸人性

人類文明要與機器人拉出差距，最終追求的應該是「個一」，而不是「齊一」。亦即人最有價值的是，每個個體獨特的世界觀、人文素養、情意美的敏感度、審美批判的品味能力、生活的智慧……等。機器做不到的地方，才展現人的價值，而不是從眾、齊一，沒有思考的烏合之眾。

即便將來人工智能取代很多職業，但是只有人性的角色，它無法取代。我以醫生的「今昔對比」做為一個例子：以前醫學不發達，沒有盤尼西林時，醫生即便診斷出病人受到感染，依然束手無策。除了消滅病人的不適，卻無法解決根本問題。醫生只能握著病人的手給他信心，甚至最後眼睜睜看病人死去。

可以想見，日後電腦在海量資料及大數據支援下，面對病症的解讀、判斷可以更加快速而精確，用藥可以分析得更細膩，甚至在微機器人輔助下，可以深入人體內部動刀。這時醫生的角色又原始返終，回到以專業監控病況與安慰者的角色。科技最後又回到人性，科技無法取代的是象徵醫生終極關懷的那雙「安慰病人的手」。

科技的進展排山倒海、來勢洶洶，面對世界大趨勢，年輕人要如何在未來科技社會中，找到自己獨特的定位？我們原本期盼的未來，已經成為過去；別人的現在，成為我們來不及追趕的未來。台灣教育若不改變，也將在世界地圖上消失。以下的章節，希望能為下一世代的年輕人找到些許答案與啟發。

2.

世界就是校園

二〇一六年十一月底，在東台灣秋天的藍天下，備受全球矚目的無校園大學 Minerva Schools 亞洲區代表羅凱（Kenn Ross）等一行人遠道而來，蒞臨台東均一實驗高中，向團隊老師介紹 Minerva Schools 的特色。

羅凱身形高瘦、留著些許絡腮鬍，他說曾在不同場合中聽過我的演講，明瞭我早已多次公開推崇 Minerva 的教育理念，也知道我們在台東均一實驗高中推動的教育改革，對此很感興趣。

他曾於台灣留學，會說中文，雖然娶了北京姑娘，卻希望將來兒子到台灣受教育。最重要的是，他表示預備將台灣列為 Minerva Schools 學生周遊列國的其中一站，取代政局治安不穩定的伊斯坦堡。

密涅瓦智慧技術工藝之神（Minerva）就是羅馬人指稱的希臘智慧女神雅典娜。在很多古典畫作或雕塑中，總會看到她身邊棲息著一隻貓頭鷹。德國哲學家黑格爾有句名言：「密涅瓦的貓頭鷹總要等黃昏到來，才會展翅翱翔。」他的意思是，黃昏時分的貓頭鷹，早已歷遍白日的各種變化，在博覽了知識、累積強大的經驗之後，才揮動翅膀出發。如同哲學，透過深邃的反思，探尋智慧的可能。

貓頭鷹，因此也經常被視為智慧的象徵，而這所超前地表所有大學的學校，真是挑對了名字。

為什麼台灣會雀屏中選？根據羅凱的分析，香港、上海的生活費太貴；中國資訊及網路受監控，學生無法在線上自由討論。中國政府可能要等很多年後，才有自信讓國民在開放網路上跨國界自由討論。對比之下，治安好、宜居的台灣，在各項世界評比中悠然浮現，是不可多得的好選項。雖然台灣物價比起其他國際城市相對便宜，顯得弱勢，但在此時卻又轉變為優勢。

教思考的大學

籌備多年，Minerva Schools 於二〇一四年開始全球招生，吸引來自世界各地的菁英學生熱烈報考，錄取率二．八％，比哈佛這類名校還低。第一期總共只招收來自十四國的二十八位學生，他們都獲得四年全額獎學金。

現年四十歲的創辦人班．尼爾森（Ben Nelson）是猶太裔美國人，賓州華頓大學經濟系畢業，是常春藤名校的高材生。二〇〇五年，才三十歲不到的他，就坐上了著名網路照片分享公司 Snapfish 的總裁。尼爾森大學時選修過大學史，他發現當前的高等教育完全不符合時代需求，因而開始遊說、募資，推動 Minerva Schools 計畫。

尼爾森強調，Minerva 要教的是目前大學最弱的思考能力。他說：「教育最難的，並非教科書上的知識，而是批判性思考和解決問題的能力。」這個理念深受認同，不但請到哈佛大學前校長桑默斯擔任首席顧問（完成階段任務之後，現已離去）、哈佛社科學院前院長、腦神經專家柯思林（Stephen Kosslyn）擔任創始教務長，同時募到約台幣七．五億的先期資金。

Minerva Schools 企圖心很大，其設立目的以挑選、培育未來世界領袖為職責（We only pick the future leaders of the world.），尼爾森說：「我們期待 Minerva 的學生，未來能成為對企業、甚至世界產生影響力的人。」

Minerva Schools 總部位於舊金山市中心最熱鬧的市場街上，只有一層辦公室，沒有校園與教室，所有課程都在學校建立的專屬線上「主動學習平台」（Active Learning Forum）。學生可以在書房、沙灘、咖啡館等任何有網路的地方上課。上課時，教授可以經由視訊，在螢幕上與每一位學生面對面（通常每堂課最多只有十八個學生），同學們必須同步在平台上寫下自己的觀點，彼此檢視觀點的合理性或邏輯推理能力，舉行投票或延伸其他探索。在 Minerva 的課堂裡，不可能出現老師在台上演講，學生在台下滑手機、打瞌睡的情況。老師隨時可以呼叫你發言，學生的思路必須完全跟上節奏，是高度腦力激盪的互動課程。

教育的初衷：4Cs

Minerva 的第一年課程設計，完全呼應二十一世紀最重要的四個C，也就是：

批判思考（critical thinking）、合作（collaboration）、有效溝通（communication）、創造與創新能力（creativity and innovation）。不論科技如何發達，當前最重要的4C，仍是電腦做不到，卻是人最重要的能力。

4C是由美國「二十一世紀關鍵能力聯盟」（Partnership for 21st century skills, P21）所定出的教育方向。這個聯盟由美國教育單位，以及蘋果、思科、微軟、戴爾電腦等公司共同創立，其精神也受美國歐巴馬總統等政經領袖背書、贊同。

對比於4C，傳統教育最重視的3R能力，即讀（reading）、寫（writing）、算（arithmetic），已經不符未來時代所需。如果機器人都能做你現在做的事，你如何靠記憶背誦找到工作？

Minerva Schools 除了所有課程都在線上進行，更打破有形的學校高牆，也打破落伍的科系分類，只設立領域。四年學習期間沒有學分制，而是專題制；核心課程也不是一般常見的必修科目，而是包含各領域的完整知識體系，同時要求找到問題，並提出解方。目的在訓練學生針對問題做精準假設，像是「全球流行病研究」、「金錢使人快樂嗎？」讓學生練習從生物學、電腦科學、公共衛生、心理學等跨領域面向，進行交叉思辨，尋找解決方案。

除了第一年的基礎課程外，第二年再從商業、自然、社會、電腦科學及藝術人文五大領域，挑選你的未來方向；第三年學習更聚焦，深化專業濃度；第四年每個人要完成「Capstone」專案。例如，商業領域的學生可以提出社會風險投資計畫書，關鍵要求是你必須有獨特的想法，讓這個計畫在現實世界中展現出意義。

以世界為校園

不只是學習內容的改變，學習的地點也不同。從第二學年開始，Minerva Schools 的大二學生，接下來六學期就要開始雲遊四方。他們將在舊金山、柏林、海德拉巴（印度）、倫敦、布宜諾斯艾利斯、首爾，以及最近加入的台北等七個城市中，挑選停留地點。學校剔除與學生教育無關的設備和費用，節省辦學經費。學費一年一萬兩千五百美元，加上住宿、學雜費、生活費約兩萬九千四百五十美元，相較美國其他知名大學便宜許多。

這種全新型態的學校，最大特色不是沒有有形的校園，而是學生依自己的專題實地研究，到世界各大城市實際從生活中學習。同時善用各地城市本身具有的多樣環境及龐大的設施學習，例如美術館、博物館、原住民部落、街頭遊民，都可以是學習的田野。學校還會介紹實習單位，在當地企業、政府、基金會一邊實習、一邊上課，課程知識便能夠在實際應用中派上用場。

大學四年走過這麼多國家，無形中培養學生具備在七個不同城市與文化中，跨文化的整合、溝通及生存的能力，甚至思考如何解決當地面臨的具體問題。這種「走入世界、進入真實的領域」，把世界地圖交給學生的學習計畫，就是我心中的未來大學。

與世界做朋友

更重要的是，Minerva Schools 的畢業生走過六、七個國家，一起體驗不同的國家與文化。學成之後，這些未來世界級領袖，都自然成為 Minerva 散布於世界各地的「耳目」。同儕之間將形成緊密的人脈網絡，日後面對不同國家、不同文化或市場的問題，往往電話一拿起來，就可以越洋連線。如果台灣未來的領袖出自Minerva，那也意味著他／她與全世界各領域的領袖，早就建立起濃厚的同窗情誼。這種關係所帶來的影響不可小看。

如同我年輕時參與的YPO（青年總裁協會），其中有一個互相挑選成立、以十人左右為限的國際「會中會」（International Forum）。我參加的會員包括來自新加坡、香港、日本、菲律賓、印度、美國、台灣的企業家，每兩個月在不同國家固定聚會，商討時事、分析政局、分享觀點，也協助解決個別問題。無形之中，讓我在面對事情與時代發展的看法上，與世界各企業領袖互相學習、分享經驗。

如果我沒有參與這類領導人的組織，不曾有過走向世界、融入不同社會的經驗，我後來具備的視野與進步，也不可能那麼寬廣。

站在巨人的肩膀上

這給我們一個重要的提示，當線上學習已經隨手可得，Minerva Schools 的教育實驗及示範，對台灣更顯重要。我們應該站在巨人的肩膀上，不必重複做別人做過的事，否則再怎麼努力，都在追趕別人的昨天，Minerva Schools 才是我們學習的模式。

我預測，Minerva Schools 將會鋪天蓋地成為許多大學競相仿效的對象。期待台灣的年輕人，在新科技與學習方式的大躍進之下，可以早日如同密涅瓦貓頭鷹，自信的展翅翱翔。

3.

創建台灣的 Minerva Schools

不久之前，我因參與一次國際活動而出國，在香港機場等待登機的空檔，與兩個三十多歲的大陸青年在餐廳鄰桌而坐，他們的對話不經意地吸引了我的注意。

從談話內容得知，其中一位是來自浙江某縣市的年輕人，另一位是他的友人。他們彼此分享如何服務客戶的手法，我猜想應是業務人員。兩人先由商場上各種討好客戶的手段聊起，之後談到彼此的成長學習過程。令我印象最深的是，友人問：「你一開始就在印度讀書嗎？」年輕人操著些許浙江口音，搖頭回答：「不是，不是，我先在英國讀了四年，而且是公費留學。」

接下來，他開始聊起大陸的公費考試競爭如何激烈，自己當年是留學考試的榜首。他在英國知名大學經過四年的學術磨練之後，回到大陸工作一段時間，然後被派到印度進一步深造MBA，如今派駐印度開發市場。

長遠的人才埋樁計畫

這位年輕人的例子透露出一個驚人的訊息：中國大陸早在多年前，一定預先已標定出未來的「新興市場」，以便未來有機會將產品銷售到人家市場。所以從政府政策（如：公費鼓勵）到公司及個人生涯規畫（如：在印度攻讀MBA），早就深謀遠慮、有計劃的推動國際人才布局，全面做到打入各國市場的「埋樁」工作。

時間往回推，這位年輕人應是二〇〇〇年後，大陸積極向世界取經政策中所預埋的棋子。中國當時已預測到，印度會是未來的機會與市場，才將公費留學英國的學生，派駐到與英國有殖民歷史關係的印度去念企家班。短短兩年中，除了學習當地的文化、產業，也自然而然融入印度社會，並與各行各業菁英成為同學，無形中建立各種情誼，培養堅實的人脈，有助其日後在印度的發展。

反觀九〇年代的台灣，當時正是「錢淹腳目」、國際聲勢高漲、資源最豐富的時期，我們的國家、企業、教育單位卻沒有從語言、行銷、管理、專業技術……等各方面，積極布局人才外派進修！

我們退出聯合國之後，喪失很多國際連結。當時台灣股市破萬點，外匯存底屢創世界新高，自信如此高漲的時候，不是更應該將優秀的各領域專才或學生送出國學習，廣結善緣，修練未來市場的生存能力？

可惜我們沒有把握這樣的天賜良機。國家沒有建立人脈，產業也沒有藉著當時的經濟優勢，培養走向世界市場的關係鏈，反而自我封閉、拚命鎖國。聰明的人才在國內各大學內「近親繁殖」；教育部的公費生，必須在學成之後回國服務，完成償還公費的義務，因而沒有借力使力繼續向外開拓。我們號稱要打「世界盃」，卻沒有培養進入世界賽局的選手！

如今二十年過去了，世界局勢大大不同。當 Minerva Schools 的學生，十八歲就開始探索世界，定位自己的角色，找到夢想，而且準備到世界各地去發展自己的未來；台灣的學生大學畢業之後卻不知道要做什麼？不得已當個「延畢王老五」，再努力拚一個碩士，將青春大把大把地耗著。結果熬到碩士畢業，仍然不知要做什麼，直到出了社會才開始摸索人生的方向。政府單位選用人才，也同樣缺乏外派進修、拓展國際視野的長遠規畫。我們的年輕人放在世界的大舞台上，國際視野不足，成了台灣競爭力的嚴重障礙！

與世界溝通的語言

看到 Minerva Schools 的大膽突破，以及大陸年輕人勇敢走入世界的做法，不得不提及，我們最大的弱勢，就是英語能力與「國際化」嚴重不足。

回想幾年前，「可汗學院」風行全球之時，我們的重要夥伴——「誠致基金會」一方新舟先生，設立以中小學生為主的「均一教育平台」（目前有六十多萬學生註冊），算是勉強跟上腳步。但是，一走到高等教育端，台灣高教封閉式的教學環境，早已遠遠趕不上，原因就出在長久受人詬病的英語教育。

台灣教授很少能夠全程以英語上課、主持討論，因此課程也很難向國際學生開放上架。台灣大學生英語也不夠好，即便教授要學生事先上網準備，以便課堂上直接討論，他們在第一關面對英語的線上課程，就無法招架了。然而同時，菲律賓、印度、新加坡、香港等地的學校，原本就習慣以英文做為第一線的教學語言，或許他們的大環境無法改變，但個別學生卻可以因為語言的優勢提早走向世界，掌握最尖端的學習。

英語，全球化DNA

當線上學習已經打破國境，那樣的無遠弗屆，只要有網路，知識取得已可說是不需要成本。當「知識」已經變成自由流通的「資訊」時，我們的老師或學生沒有「工具」（如：英語能力），要如何追得上呢？如今線上教育大行其道，證實了國際通用的「英語」更加強勢，更加重要。

就連過去心高氣傲的法國人，或是有強烈民族自尊的德國人，都開始講英語了，更不要說丹麥、荷蘭、比利時、北歐等國家，一般市民的英語都非常流利。他們知道自己是小國，為了與世界做朋友、做生意，就應該在語言上取最大公約數。

下面我想與青年朋友分享一個故事：我有個跟了我將近三十年的老同事，她是單親母親，撫養一個獨生子。兒子在國內求學的過程，始終無法找到自己的興趣，於是媽媽就把他送到加拿大。兒子高中畢業後，沒有找到適當的大學，於是選擇在當地技職學校學習有興趣的汽車修護。學成後回到台灣，應徵相關領域的工作，很快就被B字頭的國際汽車公司錄取，擔任維修技師。沒想到他因為英語流利，特別受到公司的器重。因為無論任何新款汽車的相關技術轉移，都需要接受德國技師的培訓，這時他的英語優勢就發揮了很大的功能。做事認真的態度、與國際技師溝通無虞的優勢，最終讓他更上一層樓，目前已經在國際頂級超跑的台灣分公司任職。

如果這位年輕人只是在加拿大繼續擔任汽車修護的工作，他可能只是一個平凡的維修技師，一輩子也不會被看到。但是他回到台灣，反而因為擁有語言優勢，而找到發展的契機。

英語，已成為萃取全球知識的基本工具，是全球化的DNA，學習外文，就等於鍛鍊了一種帶著走的「移動能力」。有人形容，學好英文就等於為自己掙得一張「精神世界的免簽護照」，可以跨出自己母語的舒適圈，無限制遨遊各國。就算無法親自踏上別人的土地，透過網際網路，豐富的英語線上開放課程，更可以無畏的面向世界，與世界共同脈動。

沒有疆界的學習領域

當世界已沒有疆域，Minerva Schools 預告了一個新的可能，刺激我們思考國家、產業、大學、個人，如何與國際結盟。

令人憂慮的是，不久前我在一所大學演講，當著在座的院長、教學部門的各級主管、教授及學生們，我問：「聽過 Minerva Schools 嗎？」只有一個人舉手。

同樣的情況，如同早幾年我問到關於 Coursera、edX、Udacity 這些當紅的線上課程時，也沒有多少人知道。從事高等教育第一線的老師、當局，如果不知道世界教育的趨勢，著實令人感嘆與憂慮。

台灣高教層次的人員，只能忙著每天的例行工作，卻沒有精力抬頭前瞻世界最新的教育趨勢與走向。當我們執迷於傳統教學時，人家早已如此超前，等我們再苦苦追趕，一抬頭可能連人家車尾燈都看不到。

二〇一六年十二月中旬，我在「公益平台」協助張輝誠老師舉辦的學思達亞洲年會「台灣教育願景座談」中，分享了最新的 Minerva Schools。當時我詢問教育部陳良基次長：「如今我們國際化程度大大落後，有沒有可能有一套辦法，鼓勵台灣各領域的未來領袖人才參加 Minerva？或者，我們能不能創建類似台灣版的 Minerva Schools？」

近來，我建議國外一所正在探索未來方向的大學，可以依 Minerva 概念推動學制改革。這所學校的董事長立刻透過關係，和 Minerva Schools 的創辦人取得聯繫，談到日後合作的可能性，甚至邀請他們到董事會議上現身說法。當我們看到世界教育發展的趨勢，就是每一個學校改變的契機。

教育，應是指向未來的探照燈，未來大學如何轉型是當務之急。Minerva 教育著重訓練思辨及解決問題的能力，行走世界，培養視野，及實地關懷人類的胸襟，我相信這才是教育的初衷。台灣企業高層或政府公務員，或許也可以運用 Minerva 模式，讓有潛力的未來人才走向世界，拓展其國際視野，補台灣國際化之不足。像 Minerva Schools 這種「與時俱進」的變動做法，才是我們要追求的。

第二部

在世界地圖上，找到台灣的定位

台灣是個豐富、迷人的地方，
有著深厚的文化內涵，
由此孕育出的生活風格與在地生命力，
適合深度旅遊，
與心靈慢遊。

短視近利的賺錢小格局，
鑄造了今日的衰敗。

台灣最美的風景是人，
最大的優勢是文化，
最強的影響力，是感動。

懂得經營自己的優勢，
換個腦袋思考，
才能創造自己的機會。

4.

不要用錯誤的尺度丈量自己

長久以來，不可諱言，中國對我們一直具有威脅，也兼具利誘。當崛起的中國如「巨象」般矗立於地表，我們的處境如同任何一個與中國為鄰的國家，善用則是商機，誤用則是危機。

這不是小看自己，而是無法否定的事實，就如同墨西哥和加拿大無法否定美國的存在一樣。

不過，台灣企業家被大陸廣大的市場與商機吸引久了，產生固著的依賴心理，忘記把眼光放到其他市場。但是一個產業要永續經營，必須分散市場、分散風險，避免過度依賴單一市場而犧牲國際化，這是所有管理學的基本概念。

當鄰居有一隻「巨象」，到底要視為「商機」還是「危機」，考驗著我們的智慧。其實，台灣完全沒有與任何人敵對的條件，如果不斷挑釁，製造危機，真的有可能萬劫不復。可是要在大象身邊圖謀商機，該如何善用而不被駕馭？這些都是我們最真實的挑戰。

認清自己的真實處境

台灣不大，這是不爭的事實。台灣總人口兩千三百多萬，勞動人口約千萬，總計台灣全部人口約相當於一個國家的大都會；而本島加上海外的GDP總值，比紐約、北京、東京、倫敦、巴黎任一個都會區，都要少。

台灣是個四面環海的孤島，如果注定將有一段時間無法在國際政治上擁有舞台，內需市場又太小，勢必要倚靠周邊國家的貿易支撐，我們更需要打開各種有形、無形的藩籬，以「無國界的亞洲瑞士」或友善鄰居自許，努力讓自己更加國際化。

我曾經在《你可以不一樣》一書中，回顧亞都三十多年的精采歷程。我始終把公司當作與世界做朋友的舞台。也因此亞都雖然不大，我卻一度被選為當時擁有香港半島酒店、東方文華酒店、東京帝國飯店等成員的世界傑出旅館聯盟亞洲主席，為國家也為自己公司廣結善緣，並深獲這些世界級專業人士的肯定。

回過頭來看，當時地段不佳、房間不多、條件比別人差的亞都，與台灣的處境何其相似。但捫心自問，台灣是否做好要和世界做朋友的準備？

長久以來，「台灣」也好，「中華民國」也罷，夾在中國、美國及日本等大國之間，我們一直用大國的尺度，錯誤地丈量自己，進而造成各種施政的誤導。過去因為冷戰及地緣政治的關係，台灣深受美國影響，尤其台灣的大學教授亦多以留美為大宗。美國雖然給我們很多正面的影響跟商機，同時也給了我們很多錯誤的觀念。

大國思考的陷阱

我們以為台灣可以採用同樣的模式與教育，或套用相同的施政方案。然而，很重要卻常被忽略的一點是，美國經驗是大國的經驗，不一定適合台灣。

大國與小國的教育內涵及取向，極為不同。我以自己所熟悉的餐飲旅館教育機構來說明。

瑞士洛桑餐旅管理學院是歐洲最好，也幾乎是全球公認最好的專業餐旅學校。早期亞都剛開幕時，曾經召募到這所學校訓練出來的學生楊啟東及一位荷蘭籍畢業生。

他們一來飯店實習，立刻展現出優異的能力。把他放在法國餐廳，能待客、能說菜，服務水準無可挑剔，幾乎不用主管多講，就可以扮演領班的角色。因為他們在洛桑被教育得非常到位，不僅有法國人的精緻、德國人的細心，還有瑞士人的品質控管精神。即使在洛桑餐旅管理學院，楊啟東也是極少數畢業後五年內即當上五星級飯店總經理的優秀學生。他參與國內外多家飯店的開幕，早已是旅館界舉足輕重的大將。

相較之下，美國最好的康乃爾大學旅館管理系，他們的畢業生大多擅長用電腦跑財報，做數字分析，專精於市場行銷，卻不嫻熟第一線的服務。

洛桑餐旅管理學院教給學生的，是廚房、餐廳、前台等綜合的飯店專業與實務。而康乃爾大學注重的是大型連鎖集團的管理，他們教給學生的，是如何做好市場行銷、如何成為大企業系統中的局部專業幹部。

因此康乃爾大學訓練出來的管理人才，真正願意留在飯店裡彎腰工作的不多。他們多半走向專業管理職，研究連鎖旅館系統管理，效率評估、制度建立，有些則直接進到華爾街進入財務分析、專門併購旅館的部門。然而，當時的台灣沒有幾家大飯店，不足以讓這樣的人才運用巨量的市場分析，實踐併購的鴻圖。

因此，我很早就看出，台灣不應該向大國取經，我們應該向歐洲學習。我們需要的，是像瑞士洛桑餐旅管理學院培養出來的踏實人才。

台灣，亞洲的瑞士

我認為，台灣要調整自己的學習座標，向世界上真正有獨到之處的小國學習，學習扮演類似亞洲瑞士的角色。

台灣可以是亞洲的瑞士，也可以是亞洲的丹麥、荷蘭、瑞典、芬蘭。這些歐洲小國與台灣處境相似，土地同樣不大、人口甚至更少，內需市場完全不足，但是他們卻能聰明地運用微少的籌碼，避開犧牲環境一途，以有限資源創造出最大價值。

這些小國的首要思考是，認清自己的局限，發展自己的特點，同時扮演世界公民的角色，努力去影響或造福世界。

以特色小國為師

群山環繞的瑞士，周邊也被大國包圍，但是從過去到現在，瑞士一直在政治上保持中立，因此免於戰火侵擾，保有永續生存的力量。它也以多元社會自豪，境內甚至流通德語、法語、義大利語和羅曼什語等四種官方語言，通曉多種語言是國民的基本能力。瑞士把原本可能成為互相對立的因素，轉化為和世界溝通的優勢，所以它的年輕人不論走向國際，或留在家鄉，都有自己的優勢。

另一方面，從觀光的角度，瑞士的多元族群又締造出多采多姿的文化，再加上阿爾卑斯山系的自然地景，使它創造出獨步全球的高山鐵路系統與火車製造技術。因此，瑞士在政策上開辦多所餐飲旅館管理學校，形同將餐旅打造成「文創與教育」產業，不僅嘉惠自己國家，更為全世界培養優質人才。

他們自知欠缺天然資源，因此不走重型工業，選擇發展鐘錶、精密機械等高價值工業，且同時具有領先世界的高科技研究中心及實驗室等。

瑞士是世界第四大經濟體、創新指數連續六年全球第一，「Made in Swiss」就是品質保證。七百萬人口培養出二十多位諾貝爾獎得主，實力可見一斑。

丹麥，擁有「全球最幸福國度」的稱號。人口僅五百多萬，卻以樂高、喬治・傑生（Georg Jensen）等數一數二的品牌，在國際舞台上閃閃發光，但是生活風格依然保持謙遜樸實。丹麥同時走在綠能趨勢最前端，為了轉型為低碳與安全兼具的經濟型態，早於三十年前就開始淘汰核能，並計劃在二〇五〇年完全擺脫石化燃料，成為百分之百使用再生能源的綠能國度。這種眼光和決心，非常難得。

看見自己的優點

再說荷蘭，位於英、德兩大國的海域中間，面積四萬多平方公里，只比台灣三萬六千平方公里大一點，卻有吞吐量連續四十二年世界第一的鹿特丹港，以及多次被評為「世界最佳機場」的阿姆斯特丹史基浦機場。史基浦機場距離鹿特丹港口車程僅約一小時，國際企業可以利用這種海空聯運的優勢，在荷蘭發展自己的歐洲戰略中心。這讓荷蘭方圓五百公里內即涵蓋了歐洲數大經濟體。在觀念上，荷蘭人非常領先，他們擁有德國人的專注堅持，但又比德國人更具應變力及彈性，經營行銷的能力非常強大。

而挪威、瑞典和芬蘭等國，在創意、設計以及教育上，各領風騷，有無庸置疑的發言權。

為什麼說這些歐洲小國可以成為台灣的老師？正是因為他們不將自己稀少的資源和人口，視作難以發展的缺點。反倒以更彈性的做法將缺點轉為優勢，最終成為值得尊敬、擁有專業的國家。

他們擁有清楚的自我定位、堅定的國家自信，更有強烈的危機意識，在顧及自己最大利益的同時，也最大程度地向世界開放，這便是一種不亢不卑的健康心態，如果去過這些國家的人都會認同一個特色，就是他們的人民普遍的都非常友善，而且對人的信賴特別強，這也是台灣應該保有的氣質。

台灣需要一場定位革命

台灣一度在九〇年代氣勢高漲，不僅經濟隨之發展，民主也有長足進步。可是在這過程中，我們卻沒有把握更多機會。台灣大多數人不知危之將至。冷戰時期，西柏林的孤島處境被形容為「砲台上的麻雀」，已故報人張繼高曾經以這個概念提醒國人，不要像一群在砲管上唱跳喳呼的麻雀，熱鬧喧囂，殊不知一旦炮聲轟隆巨響，只有各自分飛。

也恕我直言，台灣目前的處境，很多時候已經不只是「盲人騎瞎馬，夜半臨深池」，而是一腳踩著地雷卻不知危之將至。

我一直認為，台灣需要一場重新定位（reset）的國家革命，我們必須重新找到自己的國際定位。台灣的確不大，卻站在重要的國際交界點上，這個交界點指的不是國與國對抗中的戰略位置，而是國與國攜手合作的關鍵連結。台灣有十足的條件，扮演大國之間的最佳潤滑劑。

我的信念是永遠先伸出手，和別人交朋友。同時不亢不卑，以文明與自信表達自己的涵養，爭取認同與長久的友誼。尤其是面對語言通、文化同的大陸，更要以無比的耐心與體諒，等待對方社會的成熟。當大陸能夠走向更文明的社會，自然就會有更多的包容與自省；當他們由局部的經濟繁榮、軍事強權走向更文明、開放的社會，不僅是台灣受惠，也是世界和平的力量。

小小台灣最適合以何種特色走上國際？基於我的工作生涯與經驗，我真心誠意認為：我們的文明、宗教、文化與悠閒怡然的生活方式，在華人世界絕對是數一數二。而透過文化與觀光推展這些特色、和世界做朋友，則是台灣最自然的國際化路徑，也才能讓彼此的友誼更恆久持遠。

5.

伸出友誼手，把感動放前面

在這章一開始，我想先跟大家談一個概念，很多時候我們不自覺地受到了它的力量所支配，就好比戴著有色眼鏡。我們所掌握的世界觀，也受其制約而顯現不同面貌與意義。這個具有強大操控力的概念就是——「mindset」。關於它的定義，牛津字典指出「a set of attitudes or fixed ideas that somebody has and that are often difficult to change」。韋氏字典條列了「a mental attitude or inclination; a fixed state of mind」。

通常我們將之譯為「心態」，泛指一個人內在的「態度」、「思維」或者「價值觀」，甚或擴大範圍，指稱一個群體或社會的知識網路、信念體系、價值層級、意識型態等。簡言之，「mindset」是我們觀看或理解事物的某種框架。因為它是長期積累的模式，往往習而不察，且難以改變。

我們或可將「mindset」視為一個人的「起心動念」。前英國首相柴契爾夫人說過：「小心你的思想，因為它們會成為言辭；小心你的言辭，因為它們會成為行為；小心你的行為，因為它們會成為習慣；小心你的習慣，因為它們會成為性格；小心你的性格，因為它們會成為命運。」

我所說的 mindset，便具有這種支配力量。所幸人類是有智慧的，經由深刻反思，可以檢視內心的 mindset。甚至進行逆反工程，加以拆解重組，重新調校、聚焦，還原世界原貌。

觀光的價值

以我的人生來說，其實並沒有太大的志願，我只希望可以為很多人服務。回想起我的工作經歷，我在美國運通公司做過傳達的工作，後來當上機場的代表。當我去機場接待時，發現原來這個公司都是接待國際人士到台灣，久而久之我發現自己很喜歡這個工作。

就因為我天生的熱忱，喜歡為人服務，一刻也閒不下來，非常希望每一個來到台灣的人都會喜歡台灣。就為了這樣一個簡單的理由，我做了四十多年跟觀光相關的工作與事情。這幾年台灣開始重視觀光，可是一般的社會觀念認為，這是因為我們的國際貿易衰退了，所以得靠觀光來改善經濟。換言之，就是賺別人錢的心態。

但是，從事這行四十多年，我始終不認為觀光只以經濟成長為目的，反而認為我們要認真秉持著：當我們在國際政治缺乏亮麗的舞台時，如何讓更多人來到台灣，認識台灣這塊土地的文化與文明？同時感動他們。這才是做觀光真正的價值。

我一直認為觀光只是一項手段，目的是讓台灣找到一個優雅安全的切入點，以我們的文化與文明發揮影響力，以此立足於世界。

是「感動」還是「牟利」？

如果我們只是想救急式的牟利，將生意放在前面，短視近利，依過去台灣推動觀光的經驗模式，不管是歐美人、日本人、香港人、大陸人，到最後就只能在「走馬看花」之中，賤售自己，終究鑄造了今日的衰敗。

觀光，唯有將「感動」放在「牟利」前面，才可長可久。然而如何塑造「感動」？感動來自細緻的經營產品、包裝產品、行銷產品。這又是「起心動念」的問題，一開始不必追客人，而是反躬自省，懂得經營自己的優勢。

或許，很多商家批評這種「創造感動」陳義過高。我必須痛切指出，當這樣的商店因為看到陸客的假性需求，而快速擴充時，其實就為自己種下了禍根，帶來日後的危機。如今在台灣每一個角落，都可以看到為了單一市場大量新落成的飯店，目前卻都面臨門可羅雀的窘境，心中真為他們嘆息。如果業主一開始懂得控管需求，就不會有這樣的危機。

慎選對的客人

其實，八年前我就建議政府「慎選陸客」、「總量管制」，尤其像大陸如此龐大的市場，第一波首要開放的是知識涵養高，甚至已經擁有歐美國家簽證的成熟觀光客，或是已經在世界文明國家擁有永久居留權的大陸朋友。他們久居國外，教育水準高，有一定的國際視野，較能深刻體認台灣的文化、文明與民主自由等生活方式。我們甚至應該針對這些「對的客人」，展現積極爭取的態度。在他們一落地，就發給五年多次簽證，讓他們隨時可以直接來台，擬定方案，讓他們「帶著滿滿的感動回去」。

大陸作家韓寒那篇有名的〈太平洋的風〉，就對台灣文化及人情味極盡盛讚；廣東《新周刊》在二〇一二年大舉派遣七十一名記者、編輯來台，製作了一期專刊〈台灣最美麗的風景是人〉。（無奈的是，幾年後的今天，同樣這句溫暖動人的話，居然帶著一絲自我嘲諷的意味。）

曾經旅居美國的大陸學者彭小華與她的先生來台做學術交流，在台灣生活了一個半月。這段交流期間，她發現兩岸差距最大的是「文化」，最美的則是人們總隨時展現自然的微笑。

彭小華說，國共分裂後，台灣人傳承了中國傳統文化，制度方面則實現了現代化，這些都是中國大陸所缺乏的。她感嘆大陸與台灣分明是同文同種，卻在社會氛圍、人們的言談舉止有這麼大的落差。也難怪大陸雖然經濟總量是世界第二，但大陸人民的安全感和幸福感並未同步增長。

她指出，文明不是寫在書上的，而是內化於每個人的內心，並透過人際互動，在舉手投足間表現出來。台灣在中國文化和現代文明的表現上，恰巧給大陸提供了一個很好的先例與範本可供借鑑。

一家書店源自台灣

在廣州有一家名為「1200bookshop」的小書店，不久前吸引了作家龍應台悄悄造訪。在很多書店紛紛倒閉的當口，這家極有個性的二十四小時不打烊書店，甚至被CNN評為全球十七家最酷的書店之一。

創辦這家書店的人叫劉二囍，他做過安穩的上班族，開過咖啡店，是一位建築師，也是業餘作家。後來到台灣攻讀碩士，卻不安於教室，流連於更大的「學校」。

約莫三年前，十月初秋，在台灣念書的劉二囍，一個人背著行囊開始了徒步環島。他用五十一天時間，走完了一千兩百公里的旅程。

就在出發前一天，劉二囍收到研究所同學塞過來的一張紙，上面寫滿了這位同學在台灣各縣市的親人姓名與聯繫電話，對方還不忘叮嚀他，任何困難都可以找紙條上的人幫忙。這只是個開端，一路下來，洶湧而來的體貼和溫暖讓他多次動容。他徒步走走停停，居無定所，留宿過教堂、借住過國小教室，不時遇到熱心的台灣大媽，隔三差五還會被熱心的台灣民眾收留，這樣的溫情一直伴隨著他。

返回大陸後的劉二囍，回憶起在台灣的點點滴滴，讓他興起想要在冰冷的城市中，創造一個有溫度的地方。他召集了一群有共同心願的人，在大陸廣州成立一家二十四小時書店。

在台灣，他走訪過誠品、茉莉等有名的書店，從中汲取些許靈感，書店取名「1200bookshop」，就是為了紀念那一趟走了一千兩百公里的台灣環島之旅。

為城市點一盞燈

「二十四小時書店，就是為這個城市點燃一盞燈，這盞燈指的不是一盞知識的燈，也不是一盞人文的燈，而是為這個城市增添一絲溫暖的燈。」劉二囍在這間書店中，把他在台灣徒步旅行時所接收到的無數感動，反哺給需要溫暖的人們。書店裡，除了設置了椅子、桌子的免費閱讀區，還有提供給背包客、沙發客的小小房間，裡面有獨立廁所和沐浴間。由於他在環遊台灣時，對居無定所的孤獨感受頗深，決定開店後，一定要設一個房間收留背包客，如同巴黎著名的莎士比亞書店收留青年藝術家一樣。

「1200bookshop」的書桌旁，有全天候免費供應的檸檬水可以喝，因為，他在台灣旅行時，總能在口渴時喝到免費的「奉茶」。

一股正向影響力

如果台灣每個人都抱持如此的態度，其實台灣將是一個最有條件影響大陸的地方。試想，一位大陸觀光客若到美國遊覽，他看到美國的文明、自由與進步，他也無法言說什麼，因為他來自的是另外一個種族，另一個國家。

然而，當他來到台灣，發現基本上語文相通，文化又具有明確的傳承，反而更容易被感動。他會覺得為什麼同樣是華人，生活在不同的環境，可以產生如許不同的文明。這個時候，即使台灣經濟力量開始遲緩，反過來，仍然可以成為他們反思的觸媒，與影響的力量。

我們從這幾則故事，應該會得到很大的鼓舞，這才是台灣應該重新拾回的文化自信！雖然我們一時之間無法改變大陸整個國家、十三億人，但是友善文明的台灣，永遠可以伸出雙手，歡迎大陸前來參觀、考察、交流。

觀光，到底是為了牟利？或是創造感動，敞開胸襟，面向世界交朋友？端看我們用什麼價值觀來呈現我們的社會。

6.

危機，也是轉機

二〇一六年九月中，台北下起秋季第一波寒雨，一萬多名觀光業者從台灣高雄、花蓮等地聚集台北，發動「百萬觀光產業自救大遊行」。他們淋著雨高呼「要生存、有工作、能溫飽」的口號，呼籲台灣當局正視陸客大幅縮減的現實，讓大家有飯吃。

這令我不得不感嘆，當年陸客蠢蠢欲動準備開放，在那關鍵時刻，我曾這麼心急的試圖勸阻大家見「利」心喜的衝動，同時提出對政府及社會大眾的建言：不要驟然開放，必須要管控，要「慎選客人」、「先緊後鬆」。

之後脫序的發展，其實也不令人意外。政治人物在面臨挫折時，往往需要找一個「速效」的成果。唾手可得的陸客成了強心針，就像運動員為求一時成績表現而打類固醇一樣。

我們可以觀察到，沒有控管需求的市場，容易大起大落。如今陸客團不來，過去全台為了搶陸客生意，快速地蓋出一大堆超出市場需求的飯店，有些甚至才剛剛開幕，立刻面臨沒有客源的淒慘寒冬。看著他們的困境，曾經是同行的我，心中也充滿著不捨。這完全不是我所樂見的。

既然，陸客團不來已成事實，短期間似乎也不會改變，或許，危機也是轉機，只要我們找到自己的優勢所在。

便宜又安全，全球最宜居

最近全球最大旅外人士網站 InterNations 公布，台灣擊敗六十六個國家與城市，成為全球最宜居的地區。他們針對旅居一百九十一國、超過一萬四千名外籍人士，調查他們的生活品質、個人收支，以及工作和生活平衡等項目。

結果顯示，台灣是外派人士心目中的全球最宜居住地。InterNations 創辦人齊克（Malte Zeeck）指出，「台灣是大贏家，在生活品質和個人收支兩個項目中都獲得最高評價。台灣顯然做對了！」此外，我們的健保不但平價，品質又好，也成為另一項加分，讓台灣各項評分都居於前十。其中，生活品質和個人收支兩項，則獨占鰲頭排名第一。

最近台灣知名大賣場人資總監法國籍孔祥恩（Jean-Manuel Cros），來台三年首次接受專訪表示，台灣有三寶：友善的人、社會治安良好，及風光明媚的山景。他表示，台灣的美景有山有海，高山綿延清幽，是戶外活動的好去處，對他跟太太來說「絕對稱得上是天堂」。此外，在台灣即使半夜到路上閒晃，也不會覺得有危險，「這在巴黎根本不可能發生」。

台灣真正的優勢是，一方面生活費相對於其他世界大都會是便宜的；其次，社會治安大體非常好；第三，擁有便利的基礎建設與公共設施。整體而言，台灣確實是宜居的好所在。

西班牙背包客的啟示

不久前，我開車在台東都蘭的路上，意外遇到一男一女背包客舉起拇指，準備找便車搭，他們正好遇到了我。

一聊之下，才知兩人來自西班牙巴塞隆納。他們想趁年輕多到世界各地旅行，但是掂掂口袋，發現全世界國家中同時兼具安全、文明、進步且廉價的，只有台灣。其他亞洲城市都太貴了，東京、首爾固然不必講，連中國大陸上海、北京都很難消受。

那天台東下著雨，我請他們與外地來的朋友一起吃飯。晚上還帶他們去看正在台東舉行的「人聲合唱團」的表演，甚至乾脆招待他們住在我們的宿舍。他們很開心，不僅賺了一天豐盛的行程，也感受到台灣的人情味。類似的背包客不會永遠是背包客，有一天他們會變成有能力的旅遊者，而這種好感是會維持一輩子的。

我忽然覺得，台灣的低所得、低物價，固然令經濟停滯。但換個角度想，我們也可以善用低物價、便宜的優勢，從優勢中找到自己的定位。

在國際旅遊資訊裡，多半給台灣很好的描述：宜居、便宜、安全。具全球公信力的旅遊寶典《寂寞星球》（*Lonely Planet*），便對台灣有很高的評價。旅台近十年的宜家家居（IKEA）集團董事、瑞典籍的凌思卓（**Martin Lindstrom**）稱讚：「台灣非常容易讓人有家的感覺。」台灣的自然景色、物價與生活品質的平衡，讓居台外國人感到滿意。相較於其他亞太城市，台灣的飲食與社交成本對外國人來說，絕對可以負擔。

青年來衝浪

就以我熟悉的台東為例，面向遼闊的太平洋，浪點處處，擁有絕佳發展冬季水域活動的條件，東北季風期是國際衝浪客的最愛。很多日本年輕人每年固定時節千里迢迢來到台東，就是為了來此地衝浪。東河更有多家以衝浪為主題的專門店，以及特色民宿，如知名的「熱帶低氣壓」。

在冬天旅遊淡季，台東的風大浪高、勁道特別夠，衝起浪來也特別刺激。自從二〇一一年國際衝浪活動首度在東河舉辦後，這幾年之間，台東已成功打造成為國際衝浪新聖地。

二〇一六年十一月底在金樽海邊也剛舉辦了國際衝浪公開賽，還請藝人姚元浩為活動代言。

老人來養老

台東還可以開發另一種客源，是北亞洲的日本退休人士。日本已真正進入了老年社會，年紀大的人冬季怕冷，對於日本人來說，南邊一點的九州已被認為是比較溫暖的避寒之地，近一點的濟州島還被稱為「韓國的夏威夷」。甚至，還有不少日本老人，長期移居泰國、馬來西亞等東南亞國家養老或避寒。

如果東南亞都可以，而台東不正是離日本最近的一個相對溫暖的地方，而且花費更便宜、風景更美，沒有道理不能吸引他們。

老人家搭機不喜歡轉來轉去，從日本直飛來台，一下飛機就可以立即感受台東的大山大海。在日本一個月新台幣五、六萬元可能過得勉強，但在台灣卻可以過得充裕。先前台東市區因應陸客，一時間大量增建旅館，而南方偏遠一點的卑南鄉知本，旅館業者深深感受市場排擠效應，大量的房間空著，沒有客人。有些旅館不惜血本促銷，甚至還有九夜十天含早餐的套裝行程，一萬元有找。可見狀況之慘烈。

如果改造知本現有旅館為日式、附有健康照顧的 long stay 度假村，加上定期包機，就可以吸引具有泡湯文化的日本銀髮族來台。短期可先讓人感動，長期則鼓勵他們長住下來，甚至在台養老。再加上台東還有日治時期留下的龍田日本村，更增添文化上的親緣好感。而池上、關山一帶也極適合他們悠哉行走。

當台東可以吸引年輕人來衝浪，年長者前來養老，淡季旅客不足的問題便可以解決。在目前兩岸陷於僵局之際，政府是不是可以趁此大好機會，起碼設計出這類常住型市場，至少可以解決目前迫在眼前的空房問題。

在宅工作者的天堂

從更長遠一點來看，台東也很適合在宅工作的人長住，不管是設計師、動漫家、藝術家、部落客、各類 App 的網路軟體工作者、個人工作室、作家……等。只要網路暢通快速，依然能與全世界「無縫隙接軌」，幾乎可以做到毫無時間、空間的隔閡。

台灣鄰近幾個國家城市生活費及物價都高得嚇人。趁著陸客不來，飯店剛落成，空著一大堆房間，會動腦筋的飯店應該將沒有生意的樓層，改造成居住及辦公的環境，變成日本客、歐美客、香港朋友工作及生活的好所在。他們可以用優惠的價格簽訂長住合約，可能只消以三分之一的房價，與三分之一的物價，就享受到比香港更美麗寬闊的自然環境與氣候。

如果能把香港人帶來，從第一層次看來，香港人從地狹人稠的都會，忽然來到大山大海的東部，視野為之大開，最容易創造感動。第二、香港來台灣較近。第三、對比於鄰近超級大都會，台東的物價顯然比較便宜。第四、香港及其周邊城市擁有大量長居的國際旅客，以及值得開發的國際商務人士，如果我們能夠邀請各國駐地商會具有「關鍵影響力」的人來東部旅遊，日後將自然形成我們最好的代言人。

從短期觀光到長期生活居留與工作，香港及其周邊城市就有開發不完的客源市場。設若香港到台東能夠直航，只要班機定期，他們隨時可以飛回去簡報、見客戶，又能享有台東絕美的環境，及物超所值的生活。

何況目前台東當地已經漸漸聚集了無數藝術家、美學生活的愛好者、欣賞者。他們一定可以在台東找到一個屬於自己的安靜角落，做為他的工作室、培養靈感的美好基地，甚至聚集成新的設計中心。

台東的旅館業者也可以其優勢及特長打造自己的主題，吸引最適合的客層。網路通訊良好的市區飯店，可以提供固定樓層，專做國際及香港商務客。有些旅館則專門開發日本的 long stay 老人。而個性化一點的便宜旅館，則專門找年輕背包客。這是一種解套的方法，我們不能只靠單一市場，必須藉此機會積極主動去挖掘新的可能性。

這又是 mindset 的問題，從起心動念開始，就要懂得經營自己的優勢。換個腦袋思考，就能創造非常多全新而想像不到的機會。

啓動包機新營運模式

幾年前，八八風災後，我曾經建言以「包機」的新營運模式，特別開闢日本、香港直航台東的班機，為百業蕭條的花東，推動慢遊與深度體驗的觀光行程。現在正是我們重新推動包機的最佳時刻，沒有便捷的交通，以上提到的解套方法都是緣木求魚。

然而，包機與輔導業者轉型並不是一個台東縣政府可以獨力完成的，這牽涉觀光局、交通部、航空公司、旅行社等範圍，一定要政府出面，擬定政策，拿出魄力推動。政府要做的，就是提供便捷的航空、交通條件，更加彈性的簽證制度，及友善的醫療保險協助，讓這些在台灣工作的人、在台東樂活的退休人士無後顧之憂。

這表面看似為外人提供方便，其實台灣自己更是受益者，不但解決了旅館過多的問題，也活化了台灣偏鄉的觀光機能。從觀光的內涵來看，台東完全沒有大型工廠，最豐厚的是文化，居民中有三分之一的人口是原住民，而且包含七種不同族群。這樣豐富的多樣性，對於觀光旅遊簡直是天造地設的多元環境。

台灣南端的轉運中心

甚至當「日本－台東」「香港－台東」兩種包機在同時段抵達台東豐年國際機場時，日本客人還可以經由台東轉機到香港，同理，香港客也可以轉機到日本。屆時，「台東」便可成為國際聯結的「小型中介點」。

讓我們擴大想像，以台灣當今如此綿密的路線及航班，假設有一定比例的人要從美國飛往南中國區域，或是東南亞，他們若能以台灣做為一個「區域性的轉運中心」，從太平洋彼岸飛來，在台灣停個幾天，再往下一站的東南亞、印度或中國南方，這樣台灣就可以成為世界各國友人到亞洲必訪的一個中繼點。

再以台東來說，做為一名地方政府首長，最重要的是二十三萬縣民能夠找到自己的定位站起來，有時一個大型的開發案未必是正確的答案，甚至反而使在地人永遠沒有站起來的機會。如果台東這樣的小地方都可以發展起來，那麼其他城市還有什麼辦不到的呢？若是台東的模式成功，當然就能讓其他縣市參考，根據自己的優勢重新定位。

我們過去推台灣觀光行銷，常常會想在紐約「時代廣場」或法蘭克福、柏林火車站，撒大錢買廣告。但是，一個遠在紐約或柏林的路人甲路人乙，即便看到台灣觀光的車廂廣告，一定感到遙不可及，八竿子打不著。這種廣告無疑像大海撈針，成效等於○。

當人才與資源不足時，我們推廣國際觀光，應該從亞洲走向世界。是的，國際市場的推廣要從亞洲出發，以亞洲各大城市的商務辦事處為目標，直接找到已在當地工作的歐美客人，以各種方式直接邀請他們來台體驗。

在亞洲推廣國際市場

很多歐美商務客每到一個城市，一定會找辦事處為他們推薦生意、遊覽、觀光等重要訊息。這些德僑協會、法國商會、美僑商會、加僑商會的「關鍵影響人」本身就是很好的媒介體。在聚會聊天時，談到造訪台灣、台東的美好經驗，為台灣的觀光背書，藉由他們的人脈圈，無形間擴大了影響力。針對台灣最缺乏的「國際型旅客」，其實光在亞洲就能對歐美遊客宣傳台灣觀光，且更具效果。

試想，當冬天北半球特別冷的時候，我們駐亞洲（包括大陸）的主要城市代表若能出面與在地的各國商會接洽，請他們來台一遊，特別是溫暖的東南部。由我們輪流邀請這些商務代表從花蓮、台東到高雄、墾丁來一趟輕旅行；或者台北、台中、高雄來一場週末行，豈不是一種最有效且花費相對有限的推廣手法？

為了證明給政府主管單位參考，我曾經做過一個實驗，邀請位於上海德國辦事處、法國商務辦事處，及英國商務的三方商務代表及專員來花東，讓他們享受花東遼闊的山海、住民宿、騎腳踏車、體驗各式各樣的原住民文化，有品質的生活感覺，消費低廉卻富有人文情調的 weekend 生活。他們大多來過一趟，就愛上了台灣。

以同樣的觀念，我們也可以進一步推及首爾、東京、大阪這些鄰近城市，除了開發本地客人外，也不能忽略在當地的國際居民。這就是我一再強調，當產品包裝好之後，第一階段應推廣的即是「關鍵影響力的人」（Key Connector）。當然想要實現以上的藍圖，我們外派人員的語言與文化水準也必須相對多元。

世界走進來

除了台灣走出去的做法以外，如何讓世界走進來？

如果政府單位為了在歐美澳等地宣傳台灣觀光，而勞師動眾外派人員在德國、法國或義大利設辦事處，另外要再派兩、三位行政幕僚助理。單單為了照顧代表及其家眷，政府除了付薪水加上租房子、辦公室，預算早就花去大半。結果在當地三年，頂多兩任六年，可能還找不到對應的敲門磚。

當我們商務、觀光、文化甚至外交的外派單位在當地沒有很好的基礎時，大多只能勉強在華人社群打轉，根本無法聯結到關鍵影響力人士。看似人已到位，在有限的宣導、預算下，等於空有槍，而沒子彈，毫無用武之地。

有沒有更有效率的做法呢？我覺得可以反過來，將亂槍打鳥的廣告費先省下，借力使力直接找到當地活躍的「公關代表」，物色真正的關鍵影響力人士來代表台灣。

這些公關人士原本就久居當地，精通英文、德文、法文或義大利文等當地語言。最重要的是，他們早已經打入該地核心的社交圈了，嫻熟當地商界、旅行界人脈、通曉法令規章等，甚至包括各種因地制宜的習俗與禮數的掌握，可以一步到位大大減輕我們駐外人員的工作。

這是將政府從原來推廣的執行者，轉變為成效的評估者，當觀念轉變時，方法也自然不同。在聘請這類的公關人才時，第一階段先給予一年嘗試，由他們出面先找當地重要的媒體或者部落客來台，我們扮演幕後的支持者，評估成效。若效果良好，再進一步續一個更長的合約，成為駐外單位在當地的公關代表。評估表現的KPI也很單純，首先從年度帶了多少媒體來台？多少旅行社？報紙露出熱度？新聞報導數？第二階段則評估實際市場的成長。總之，都必須循序漸進。

如果懂得借力使力，公部門等於借用在地公關代表長年累積的人脈關係。而且他們亦可以按性質分工，譬如說專精「會展」的專家、專推商務、專推旅遊觀光，目標明確，指標精準，馬上可以行動。如此，駐外人員的角色與條件也相對不同了。

不要小看自己，放膽作夢

我常住在台東，夜間時，我經常一個人坐在戶外躺椅上看星空，一片寧靜黑幕中，總是有很多安靜、明暗有節奏的光點吸引著我。白天不覺得，夜晚才發現原來天際間的交通一直是那麼繁忙，竟然有這麼多的飛機經過台灣上空。

原因很簡單，不管東北亞洲的日本、韓國、北中國，要往南飛到菲律賓、澳洲、紐西蘭，這是必經的航線；甚至由美國要飛南中國海、新加坡，也都要經過這裡。新加坡很懂得善用地理位置的優勢，把自己塑造成是印尼、馬來西亞跟周圍國家與區域的中心航點。無論澳洲、紐西蘭、歐洲各國要到亞洲，新加坡都努力使自己成為門戶城市。

反推回來，當美國航班想到東南亞去，紐澳航班想到東北亞來，台灣理當也能成為他們的最佳中繼站。一切端看我們以什麼樣的格局來看自己的未來，懷抱怎麼樣的企圖心，如何去設計，營造出自我的優勢。

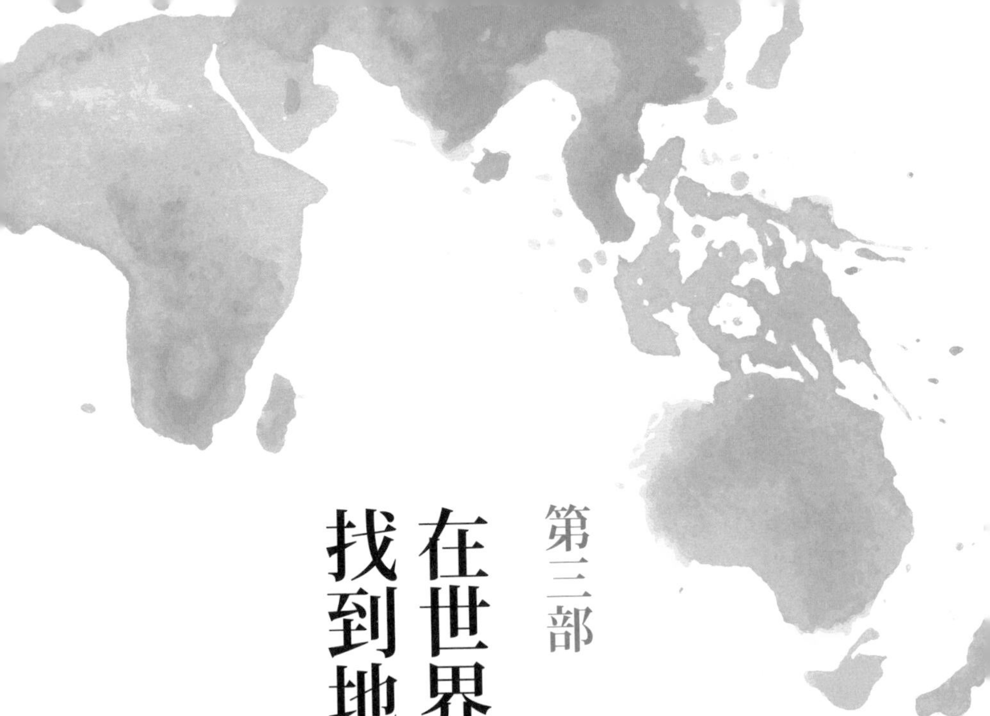

第三部

在世界地圖上，找到地方的定位

池上，得天獨厚的天然景色，
唯有放慢自己的步調，
才值得旅人為它驚艷；

宜蘭寒溪的不老部落，
即使只是東台灣地圖上的小小一點，
也兀自綻放著自信的光芒；

台灣的三百一十九個鄉鎮，
終需經過淘洗、汰減、焠煉、
各自找到自己的文化自信，
才能尋回存在的價值與尊嚴。

7.

池上，自在精采

關於池上，你想到什麼？一望無際的稻浪？Q彈有勁的池上米？讓遊客忙著拍攝的金城武樹？令大家蜂湧排隊購買的池上便當？

還是大坡池的寧靜、天堂路的綿長與悠遠、田野四季的變化、淳厚的農村人情味？抑或是中央山脈與海岸山脈之間，那若有似無、飄來盪去，如薄紗似輕煙，躡足行走在田間的雲霧？

如何從地方優勢找到自己最好的定位？讓我們來看池上的例子。

「台灣好」與池上

二〇〇九年春天，「台灣好基金會」成立，宗旨是「參與建立美好的『鄉鎮文化』，使居民和旅客都能從容共享鄉鎮的生活，同時深深感受到台灣的美好。」鄉鎮文化為底，豐實生活、觀光、產業的能量，讓每一個台灣人和旅人，都能體會台灣的風景、善良的人情和深層的文化。

而今天大家心目中的池上形象，其實是「台灣好基金會」所推動的「東部光點計畫」和池上在地居民共同有意識塑造的成果。多年前觀光局挑選台灣北中南東與離島，找到可以包裝的亮點。東部主要以池上及鐵花村為中心。不可諱言的，東部光點可能也是「光點計畫」中最成功的一個。

大家都有共識，池上要變成一個慢城，而不是大家一窩蜂來看金城武樹，大排長龍買便當，吃完便當就離開的地方。

如何讓池上成為讓人願意停留更久的地方？如何以池上文化的內涵來吸引旅

人，甚至讓遊子返鄉？這些都是池上居民關切的議題。於是多年前，「台灣好基金會」與池上在地夥伴共同努力，發展出符合池上傳統農家作息的「四季活動」。依據春耕、夏耘、秋收、冬藏等節令舉辦一些活動，讓大家可以一年多次來到池上，欣賞池上四季更迭的景色，甚至停留在池上，細細發掘池上居民的熱情和人文。

稻田中的表演

二〇〇九年「台灣好基金會」第一次舉辦「秋收」，在事先收割好的一方稻田裡搭建了小舞台，於一望無際的金黃稻田中，擺上一架平台鋼琴，邀請鋼琴王子陳冠宇現場演出。天空地寬在戶外演奏，搖曳的稻浪與遠山雲霧，天與地、人與自然一氣呵成，這是一次經典呈現。原來台灣的鄉鎮，可以有如此得天獨厚的舞台。幾百位鄉民或坐或站地聆聽，都被深深打動著。台灣多家媒體大肆報導，照片也躍上國際媒體《時代雜誌》的網站上「一週之最」（best photo of the week）的精選照片，這些都教池上人覺得：「我們的土地，竟然這麼美。」

這一回，讓「台灣好基金會」和池上居民深深體會到，結合文藝活動、天然美景和在地人文特色，讓文化在鄉鎮深耕、發光，是一個可能實現的夢想。

「秋收」之後，接續下來是「冬藏」活動，我也受邀去演講。很感動的是，六百多位朋友，扶老攜幼從池上、關山、鹿野等地區遠道而來。我告訴他們：「你們的土地已經被全世界看到了，你的子女可能正在西部讀書、或在外地工作，他們不一定每個人都很順利，但是當你已經看到自己土地的美麗時，我希望有一天，你們的子弟會以做為台東池上人而驕傲，所以請記得留一條讓孩子可以回家的路。」

之後每年的「池上秋收稻穗藝術節」，已然成為池上全村與各界最期待的年度盛事。表演嘉賓從鋼琴家陳冠宇、優人神鼓、雲門舞集、張惠妹一路到A-Lin（台東阿美族流行歌手）＋桑梅絹（台東排灣族古調耆老歌手）＋布拉瑞揚（台東排灣族現代舞者），場場票券皆為秒殺。

二〇一三年，林懷民以池上為靈感，創作出清純明亮的新舞作「稻禾」，刻意選擇池上做為世界巡迴演出的首演地。適逢雲門成立四十週年，林懷民說：「雲門來自土地，稻禾是永遠的鄉愁。」演出前，他要雲門的舞者親自下田耕種收割，體驗「彎腰向土地背向天」的勞動滋味。而後他更帶著「稻禾」巡迴世界各大藝術節，在舞者背後白幕投影池上的四季風景，讓池上一躍成為國際上值得造訪的小鎮。

池上真是得天獨厚，原本的天然景色、人文氣息，與樸實的大地之美，經由藝術家的示範之後，起了帶頭作用。而且隨著池上知名度的提高與廣為人知，池上米的價值也被提升。久而久之，自然形塑出一種地方特有的文化，最難能可貴的是，在中央山脈到海岸山脈之間的一百七十五公頃的土地，保有一大片完整的無垠農田，偌大的稻田裡沒有一根電線杆、沒有一棟房子。強烈的在地意識，農民與地主皆協議不賣地（想想這有多難！）而且努力推動自然農法，將這大塊田野景致登記為「文化景觀」，成功凝聚了在地能量。

從金城武到蔣勳

除了四季活動以外，這兩年多以來，「台灣好基金會」更推動藝術家駐村計畫，二〇一四年開始，為了更深入的蹲點、耕耘，基金會認養多棟閒置的老房子，以「聚落」型態，打造「池上藝術村」。並邀請美學大師蔣勳擔任總顧問及首位駐村藝術家，讓池上走到另一種境界。

「台灣好基金會」董事長柯文昌表示，「池上藝術村是一個有機體，藝術家在池上生活、創作，從土地感受力量，從鄉村感受人情，藝術家從台灣鄉鎮吸收的美好，將會轉換成為他們的創作能量。」

那年十月起，美學家蔣勳親赴池上駐村、創作。他坦言，一開始也沒把握能駐村多久，結果卻意外地一待長達一年半。他在這裡拍下池上四季變化，同時創作多幅油畫作品。

蔣勳說，法國有名的巴比松村，有米勒、盧梭等多位藝術家帶著知識分子的反省，在農村居民的彎腰、拾穗中重新找回了「人」、「土地」、「手作」的價值，池上鄉保有純樸的農村氣息。她的美與定，正是成為台灣巴比松村最好的條件。「台灣好基金會」在這裡打造「池上藝術村」是最好的選擇。

之後蔣勳透過文學及畫作，先在台東美術館展出他在池上駐村的畫作，造成轟動，之後又出版《池上日記》，在台灣各地、香港、大陸展覽及演講，成為宣傳池上的美好代言人。從金城武到蔣勳，池上走向兩種截然不同的境界。金城武呈現的是廣告中短暫的美，而蔣勳揭示的則是池上生活中時時刻刻、平凡篤實無所不在的美。

小城生活的時時刻刻

蔣勳在文章中記錄著一個又一個值得深思的故事。有次他寫作、畫畫忙到晚上八點多才想起要吃飯，走到街上發現已沒有餐廳在營業。當時蔣勳著實嚇了一跳，後來，才慢慢在這個小城中學到日出而作、日落而息，還有農民依照節令行事等自然規則。

還有一次，他打開大門發現地上一堆絲瓜、木瓜、青菜等，他很緊張地到處問「啊！誰放的？」這個疑惑日後解開了。在池上，大家享用土地孕育出來的產品，只要有多的就分給其他人，這很正常，根本不用問。蔣勳在訝異中再次認識「土地分享」這個名詞。

蔣勳看到農民敬天愛地，以土地為信仰的忠誠，和農民們一起分享收穫的喜悅，也分擔他們的擔憂。他形容看到一大片金黃稻穗，那飽滿的低下了頭的美麗風景：「唯有謙卑、彎腰，這樣靠近土地才能豐收！」而那些強調有機農法的作物，還未收成就早早被日本、歐盟收購了，這些有遠見的池上農民們在營生與營利間，找到自信的平衡。

蔣勳在各地演講中都分享了農民順服於節氣的「自然秩序」，與分享的「土地倫理」，他說：「自然、土地和農民是我的老師！因為他們，讓近七十歲的我可以重新變成一個學生。池上的農田之美，不只是應該認識島嶼，也是全世界重新省思土地意義的起點吧！」

文化自信擴散成美的漣漪

找到對的人，便能產生「借力使力」加乘放大的效果。蔣勳以美學大師的眼光，提煉在地人未必有能力加以言宣的「美」，透過創作的展示，演講的再現，無一不是在擴大這美的漣漪，讓她成為感動更多人的心靈波浪。藝術家願意做這樣的事情，因為他本身也是被感動的。我們經常要透過外面的朋友，以新鮮的視角，與不同的高度，點出我們原本就自有自在的精采。

如果當初沒有深耕東部的「台灣好基金會」，與在地居民在池上依四季舉辦活動，邀請藝術家到那兒駐村，安排文化、觀光等各界專家去演講、分享寶貴經驗，建立社區共識，建議千萬別賣地賣祖產……，池上自然之美不一定會被保留，也就不一定會被航空公司相中拍廣告，秋收藝術節更不一定能辦得愈來愈盛大。

重新來看，如果沒有催生這樣的鄉土之情的話，池上會不會成為一個布滿各種突兀造型豪華農舍的池上？如果一開始不清楚定位自己，很有可能不是今天這樣的結果。只要回顧一下，在台灣的很多地方，都可以看到巴洛克式、農莊式、別墅式的豪華農舍矗立在稻田中間，這完全是缺乏地方自我定位與文化自信的結果。兩相對照，今天池上的發展顯得益發可貴。

地方力量站起來

二〇一六年，是「台灣好基金會」主導秋收活動的最後一年，接下來將以兩年的時間逐漸轉移給在地，建構「地方創新」的模式。池上也自己成立了一個「池上文化藝術協會」，當明年的地方力量動起來，將開始主導自己的社區營造及未來發展，「台灣好」則退居幕後成為合作夥伴。這是地方力量站立起來的一個最佳典範。

池上，經過了淘洗、汰滅與焠煉，終究找到自己的文化自信與價值。進行總量管制，情願找到自己慢的步調，情願推掉一些客人，情願讓客人願意為它而等。即使只是東台灣地圖上的小小一點，在台灣五大都會以外，其他三百一十九個鄉鎮，是否也可以像池上一樣，找到自己存在的價值與尊嚴。

8.

不老部落，永續的未來

「Lu Kah Su!」初來到不老部落的朋友，一定很熟悉走到哪裡都可以聽到「勞卡素」這樣的問候。這是泰雅語中「哈囉，您好」的意思。

位於宜蘭大同鄉寒溪村的「不老部落」，成立於二〇〇四年，沒有政府補助，也沒有財團經營。他們胼手胝足，從生活開啟對生態的了解，進而開始生產。從生產中獲得生存，致力經營社區、延續泰雅族的傳統文化，使不老部落成為一個穩定的平台，可說是泰雅原住民的示範部落。

而「不老」亦源自他們掛在口中的「Bulau, Bulau」，在族語中就是到處閒晃的意思，之後以此為部落命名，帶有強烈的生活風情。

傳統及現代的融合

最早，這個部落在宜蘭深山密林裡，過著遺世獨立的生活。而後也面臨所有原住民部落的共同困境——文化、語言流失，及年輕人的一去不回。十多年前，這個狀況有了一個關鍵的轉變。漢名為潘今晟的泰雅女婿，回到太太娘家寒溪村，與長老們一起尋求不老部落的未來，同時他也以泰雅名 Wilang（發音似「伍伊浪」）稱謂自己。經過深入學習與觀察，他運用自己在建築景觀設計的專業，偕同族人長老共同努力，開始協議規劃部落，就地取材，蓋起幾座茅草屋，做為接待外賓的場所，發展出獨樹一幟的分享及體驗行程。

每位來到部落的客人，都沿著小小山徑跋涉到海拔四百公尺的一處台地，沿路可以看到捕捉竹雞的精巧陷阱、培養香菇的原木。到了部落，大家先圍坐在火爐前品嚐主人特別調製的自釀米酒，聽主人訴說部落的文化及緣起。接著在導覽解說下，深入了解部落生活，看他們如何以自然農法耕種，如何在八十歲婆婆的帶領下學織布，釀口嚼酒、採收香菇等真實平常的生活。

中午肚子餓了，除了享受在地栽種的精緻原味美食，和村民一起唱唱跳跳熱情的泰雅歌舞，一餐飯可以吃上四小時，濃縮了泰雅生活與文化的精采，是很多人一生難得的體驗。難怪口碑不斷，吸引國內甚至國際人士一來再來。

因此，不老部落經由接待外賓獲取收入，同時又保有自己的生活，一切自給自足。其成功原因之一，在於懂得如何控管、經營需求。我經常提到「manage your demand」，一旦有效控管需求，就可以尋求永續的空間。他們每天限量接待三十位客人上山體驗部落生活，所有遊客必須在山下定點等候，由村民以四輪傳動車在特定時間迎接上山。一方面體驗車輛溯溪爬山的過程，更重要的是，不會因此破壞部落的清靜與生活。因此預約往往得等上一兩個月之久，晴天雨天都一樣熱門。

如今潘今晟將部落營運交棒給長子潘崴（泰雅名 **Kwali**，音似「瓦力」）。他是三十多歲的年輕小伙子，曾留學澳洲餐飲學校，學成之後回到部落，現為不老部落執行長。功成身退的潘今晟，多年來帶著不老部落的營造成功經驗，在花東的偏鄉部落蹲點，默默付出，繼續開枝散葉，是「公益平台」隱身幕後付出智慧與行動的大天使。

在深山部落上課

年輕一輩的潘崴，為了讓部落傳承永續，在部落長老的全力支援下，二〇一五年設立了一所部落內的獨特學校——「原根職校」。在宜蘭教育當局的協助之下，原根職校學生學籍設在平地的南澳高中，上課地點卻在深山的部落，讓留在部落生活工作的年輕人，能獲得高中職同等學歷。

這所學校沒有制式的教室，但是運用自給自足的資源，讓留鄉或回鄉的部落年輕人同吃、同住、同勞動。他們向長老學習種小米、栽培香菇、打獵、織布、釀酒等傳統技藝，再加上外聘老師的指導，讓部落年輕人能在既有的工作上學到技術，更學到知識。還定期聘請外籍英文老師給予專業指導，加強英文表達能力。

值得一提的是，他們所學的數學、物理、化學等內容，全是最貼近生活的實用知識，比如學發酵可以釀出更好的酒；學數學可以在織布時找到最美的黃金比例、蓋出環保又堅固的房子；學英文則可以自信的與外賓溝通，甚至將來走向世界。

在設立原根職校前，原本很多在山下一般高中、高職念書的部落青少年，因為經濟壓力、適應不良等各種因素而中輟。如今回到部落生活工作，同時能繼續學業，反而讓他們樂在學習。

部落的新希望

目前在原根職校的青少年，可以在餐飲、建築、農耕、手工藝等四個分項中，修習自己最喜歡的專長。他們一方面傳承文化，一方面也向族老學習扎實的一技之長，同時取得高中同等學力。為了讓部落青年更有目標及信心，不老部落也進一步和台北寒舍集團、三井日本料理及台北旅店簽訂實習合約。期待三年過後，他們能帶著一身自信及本領，走到外面的世界發展！

雖然職校剛開始推動一學期，但青年們出席率高、學習興致濃厚，勇於上台發表。許多知識需要回到傳統文化去追根究柢，部落長老的智慧也開始被看重。部落中較年長的哥哥姊姊也變得有責任感與使命感，因為除了工作、讀書之外，還要幫助弟弟妹妹成長。將來學有所成，可以選擇繼續升學，也可以出去就業，或在部落培育下一代。不管出去或回來，部落裡每個人的角色輪廓都開始清晰起來，努力的目標也更加明確，形成一股動能源源不絕的生命活水池。

青年的心底話

一句句不老部落原根職校青年們的心底話，道出了教育帶給他們的信心、領悟與希望：

「喜歡講話的我，在部落接觸不一樣的客人，不一樣的客人講著不一樣的語言，而讀書，讓我更能溝通。」

——趙詩語 Lawa

「理化課我們上火的應用，讓我學會控制溫度，所以我烤的魚跟地瓜，是世界上最好吃的了！」

——趙庭 Dayju

「我喜歡數學課，因為我學會度量衡跟比例等等，所以我做的木雕可以有不一樣的比例。」

——胡念祖 Gonei

「上了理化課後，才發現釀酒這麼有趣。如果直接大口把酒喝下去，沒有仔細品嚐，就沒辦法感受酒真正的滋味，和釀酒人的用心。」

——鄭妙惠 Giwas

「我喜歡寫歌詞，以前都是模仿別人，這是我第一次，寫出我自己，寫出我身邊，看見的、聽到的、聞到的！」

——呂安 Lemo

「烤肉就好像我跟肉談戀愛，用心，肉就會很好吃。當客人吃到我烤的肉，露出好吃的微笑，就能知道他也戀愛了。」

——胡孝祖 Haidai

「我喜歡種菜，是因為我小時候阿嬤常常帶我去菜園玩。現在阿嬤老了，我必須學習種菜，讓阿嬤吃到我種的菜。」

——高家明 Kalu

「我在不老部落工作，傳承文化，在部落練身體，練健康練強壯，雖然很累，但我很開心，血汗的滋味，就是鹽的味道。」

——王志杰 Uli

「我喜歡織布，織布能讓我放鬆心情，讓我靜下來，靠耐心及專心織出溫暖的布。」

——田依蘭 Amis

自己成為改變的起點

這個現代及傳統結合的泰雅族部落，看不到凋殘破敗的景象，而是充滿想法，帶著視野與高度的希望之地，就連隨處晃盪的雞、犬、山羊，都是那麼悠閒自得。不老部落不僅為部落年輕人預備了一條回家的路，也成為他們向外展翅高飛的搖籃。

這真是令人期待的文化永續的示範。不老部落原根職校勇敢而謹慎地踏著夢想前進，把教育帶入部落，結合傳統與現代，知識與技術並進，使部落成為種子培育所，從根部改變，茁壯人才；讓耆老的智慧有了傳承的價值，青年有成家立業的機會，孩子有無限可能的未來！潘崴說：「一輩子也許沒辦法做太多事，我們既然選擇了要做，就讓它精采絕倫吧！」

我一直主張：當台灣走向另一種自信與文化，部落一定要有人出來指引年輕人明確的方向，而且最好是自己的族人。但這需要時間，需要由部落自己思考，找到解決方案，建立可以學習的典範，而我們必須放長時間用心等待。

在台灣，我們看到愈來愈多人找到驅逐挫折感與無力感的「藥方」：他們不再期待政治人物和資源掌握者，不再期待別人改變，而是捲起袖子，努力成為「你在這個世界上所希望看到的改變」。即使努力再微小，即使可能會失敗，他們仍然放手去做，讓自己成為改變的起點。在不老部落中，我們看到他們驚人的自我定位，以及自我訴說、自己主張的強悍與美麗。

9.

美麗島嶼，綠能的想像

近來，好萊塢巨星李奧納多・狄卡皮歐（Leonardo DiCaprio）關注氣候變遷的紀錄片「洪水來臨前」（*Before the Flood*），受到全球關注。

- 宛如人間仙境的帛琉小島，海水一波波襲來，沖刷房舍、豬圈，有些原本生活的地方，已經沉入水底，老人望海流淚，因為他的孫子再也看不到陸地。
- 北極與格陵蘭的萬年冰原，一塊塊消失，融冰的水流如利刃，不斷縱橫切割，加速冰山的崩解，碎冰飄流大海一去不復返。
- 度假養老的天堂美國佛羅里達州，海水由地下道、人孔蓋瞬間湧出，不斷倒灌而來，房子一棟棟泡在鹹濕的海水裡。全球氣候暖化已然是回不去的災厄。

透過眼見為憑的紀錄，明確傳達出更迫切的訊息：「洪水真的來了！」

人類的共業

多年前，李奧納多出任聯合國和平大使，接下關注氣候變遷議題的終身任務，親自前往格陵蘭的荒野、蘇門答臘炙熱的森林、北極、加拿大岩油開採區，甚至到梵蒂岡教廷拜訪，一路上探索氣候變遷對地球帶來的重大衝擊。「洪水來臨前」可以說是繼二〇〇六年，美國副總統高爾發行的「不願面對的真相」後，最具分量的環保紀錄片。

只是十年前，或許很多人懷疑高爾的預言，將全球暖化的事實斥之為一場「陰謀」、「假說」。如今證據一個個擺在眼前，即使我們不願面對，它仍將殘酷地一一兌現。

如果我們以更高的智慧站在世界屋頂上看問題，事實已經明白地告訴我們，全球暖化、氣候異常已經是不可逆的趨勢，更是誰也迴避不了的人類「共業」。未來，人類更需要以智慧思考，如何與大自然平衡共處，尤其以找出新能源替代方案，為當務之急。

免費用電，摧毀民族

二〇一六年八月，蘭嶼達悟族耆老夏本・嘎納恩向政府表達強烈的訴求：「我們已經抗爭三十幾年」，過去所有蘭嶼族人在不知情的情況下，被迫接受核能廢料送到蘭嶼，這已經成為所有蘭嶼人的痛，「也是我們沒有辦法解決的事」。耆老這番話令我有很深的感觸，我想這不是蘭嶼人第一次抗爭，也不會是最後一次。

原本蘭嶼人是非常懂得與自然相處的民族，仔細觀察蘭嶼的傳統民居，那可真是高度與自然結合的智慧宅。他們日出而作、日落而息，早上五點鐘就已經到發呆亭了。因為有光線，他們開始補魚網、工作；之後朋友來了，喝小酒、聊天，都在這個通風好、光線佳的高台上。

相對的，半穴居的地下屋冬暖夏涼，即使颱風也吹不垮，白天在發呆亭上面活動，夜晚鑽下去就可以睡覺。以前的「蘭嶼屋」其實根本不必用到太多的能源，可以說是完全與自然融合的綠建築。

然而，這種千年演變而來的生活模式，卻在這半個多世紀遭遇到很大的侵擾，而蘭嶼傳統部落家屋的「文化景觀」，其中有些建築已被鋼筋水泥的西式透天厝，或鐵皮屋所取代，屋頂也改成現代的油毛氈，而非可定期重製、天然環保的茅草屋頂，目前蘭嶼僅剩下少部分達悟族傳統的半穴居仍保留著。

如今我們看到的是建築與街景混亂、失去自己面貌的蘭嶼。我們必須承認，這是各種歷史因素與歷代施政共同造成的後果。包括身為選民的大家，都得一起負這個責任。

蘭嶼朋友反核廢料儲存，完全可以理解，因為任何人都不希望核廢料放在我們的家園。但是電力公司為了籠絡居民，提供住宅用戶電費全免。造成對電力的重度依賴，使得蘭嶼每戶用電度數達台灣本島平均值的一・八倍。反而成為剝奪蘭嶼人自主生存的能力，與毀滅其珍貴部落文化的元兇。

文化與生存的兩難

近年有大半時間皆在台東一帶居住的我，心底一直思索，這座獨一無二的島嶼何時才能展現它原有的風貌？

一如台灣的其他鄉鎮，原本最具原始獨特性的蘭嶼，也逐漸喪失文化自信。我並非建議一定得依照原來的方法興建穴居，但文化與生活是與時俱進的，現在，既然蘭嶼的半穴居已經被「搬上來」，新建屋宇皆是水泥屋，那麼，我們能不能由在地藝術家與文化人連同綠能建築師，共同為蘭嶼未來的建築語彙做一個通盤的思考。雖然未必能有最佳結論，但總比各式建築雜陳的現況更有永續性。

蘭嶼面臨了傳統文化的保存，及自給自足生存的糾結兩難。對於位處缺水缺電缺能源的台灣，這幾乎是必然的宿命，因此，這不單單是蘭嶼的問題，更是台灣離島的共同課題。隨著極端氣候的日益明顯，蘭嶼、澎湖的發展都應該聚焦在綠能永續的規劃上。

美女何必落風塵

二〇一六年十月，澎湖促賭派捲土重來，舉行「第三次博弈公投」。三萬兩千多位澎湖居民參與投票，結果反賭方大贏兩萬多票，以逾八成得票獲得壓倒性勝利，促賭方所獲選票甚至比連署成案時的人數還低。澎湖人再度以選票表明拒絕賭場，這絕對是明智的抉擇。

澎湖是一個缺水缺電的地方，如果夏天拚命蓋旅館，冬天一到，遊客下降，業者競爭壓力更大，空洞更難填補。澎湖業者說：「我們真正的問題是夏天來不及載客人，冬天載不到客人。」

事實上這種「暴飲暴食」的旅遊模式，就是澎湖的問題核心所在，澎湖要做的不該是暴起暴跌的生意，而是要做到能夠持恆永續的發展。

早在八年前，我便多次以「美女何必落風塵」的觀點強調，不做賭場，澎湖其實有更好的選擇。今天澎湖人百分之八十反對賭場，這個巨大的聲音很清楚告訴政府，應該趕快趁勢提出好的願景來，協助澎湖人找到「永續的方向」。

陳怡仁示範的「綠能小屋」

不久前，我與長期推動綠電生活的台竣公司董事長陳怡仁，在一場扶輪演講餐會短暫見面，我提到再生能源系統應用，聽說他從事綠能事業，就拉著他一直詢問：「這個做法，能不能用於蘭嶼的發呆亭？」

沒想到，很有行動力的他，迅速建造出一間示範性質的「自給自足」風光小屋。在政府沒有政策，沒有執行力的同時，我看到民間展現了力量。前一陣子我也實際到現場參觀，感受真的很深。

他與台中市政府合作在草悟道廣場推動綠能生活，利用風力和太陽能發電，所發的電用於推動綠色運具。目前在廣場停車場下已設置九個不同的電動車充電站，另也在廣場上提供機車免費充電服務。

慢活群島

為了進一步推動綠能概念，他最近在廣場上打造了一座「慢活群島」，上面有風力和太陽能發電的展示，也用綠電充飽平衡車和電動滑板等，讓年輕人和小朋友藉由玩樂來了解綠能。

慢活群島上的一間工具屋，裡面的照明、冷氣用電全都來自於風力和太陽能，並利用鉛酸電池蓄電，工具屋百分之百使用綠能。

陳怡仁解釋說，大自然賜予我們「風、光、水力」等自然能源已長達四十五億年的漫長歷史。人類也在短短的四百年內發現了「電」這個好用的東西，但卻捨近求遠地用煤、瓦斯等方式來發電，反而危害了我們賴以生存的自然環境，甚至還以可能造成更大傷害的核能來發電。可惜的是，以「風、光、水力」發電的再生能源，僅占全台發電比率不到百分之十，實在是太低了。

陳怡仁對風力與太陽能等再生能源系統的研究，著重於中小型家用系統應用。他希望直接讓終端使用者接觸再生能源的優點。因此他設計了一個小小貨櫃屋，最後總計用了六塊太陽能板、兩支風力發電機和四個鉛酸蓄電池，每天可產出十度的電，足夠整個貨櫃屋內所有燈光、風扇等小型家電使用。甚至開了冷氣空調，仍可大約使用六小時以上，是百分之百的綠電小屋。

蘭嶼冬日的風非常大，若以陳怡仁示範的模式為原型，他很有信心。這套設備應用於蘭嶼發呆亭，大概只需用電扇和照明，用電更是綽綽有餘。

萬事起頭難，不要害怕改變

陳怡仁還計劃在普及之後，以分散型電網架構與全直流供電，將可以大量降低電力轉換與傳輸的損耗，更有效地應用每一瓦電力。

雖然太陽能與風力發電的歷史不超過四十年，但是德國和丹麥卻因為政府大力推動，而分占鰲頭，成為可以輸出技術的綠能大國。萬事起頭難，我們不應該害怕改變。

用電方式是一種習慣，而習慣是可以改變的。陳怡仁是個親身實踐者，他希望有朝一日，風與光等再生能源能廣泛為家家戶戶接受，成就真正自給自足的事業。

綠能的想像

當全世界都在重視節能減碳議題的同時，對於缺水缺電的離島開發，我們應用更負責的態度，開創永續生存的空間。

如果八年前政府就看出「永續的綠能」才是人類最可行的未來，以政策鼓勵，讓工研院投入所有技術協助，將綠能設備整合到澎湖、蘭嶼做實驗場，同時找來能源專家，以美學的角度，設計與房舍景觀融合的太陽能板。那麼今天，澎湖、蘭嶼可能早已成為台灣具有文化本值的「綠能實驗示範島嶼」，甚至向世界展示。八年可以做多少事情，結果平白空轉，就等賭場二次公投來翻盤，終至毫無作為，時間就這麼蹉跎掉了。

人類最終還是要降低物質欲望，提升精神生活，建立起與大自然接觸的能力。

而不管如何改造，離島新一代的建築應重新與自然協調、與部落生活型態搭配，過著不必靠補償救濟、不必倚賴賭場經營，即擁有自尊自信、自給自足的生活。

這不再是蘭嶼或澎湖的問題，而是整個台灣價值觀及 mindset 的問題。只要真的有心，不需一年，就可以像陳怡仁一樣設計出示範的綠能小屋，那麼對於更有能力與資源的政府而言，是否可以在澎湖、綠島、蘭嶼等各個離島研究出一套因地制宜、兼具文化美學的複製措施。當我們在這方面有了文化自信以後，將來甚至可以變成台灣未來的產業，出口技術到世界各地。

10.

留白。永續。Right fit

有些文化來自承繼，也來自於深度寬廣的學習與焠煉，如不老部落；有些來自於創新，如澳洲原住民的「黑臂章樂團」。但最重要的是新舊、異質的元素，要有眼光找到最適切的方式融合，成為一種獨特的新風貌。比如大家耳熟能詳的「食養山房」。

曾被譽為台版米其林無菜單料理的「食養山房」，從新店發跡，一度搬到陽明山松園，但自二〇〇九年起又搬到汐止汐萬路三段的偏僻山間。即使幾度遷徙、從來不打廣告，還是一位難求，必須於二至三個月前預約訂位。

創造新文化：食養山房

停好車子，要先穿過一個小鐵橋，入口的廊道隱隱散發禪意。走進園內，綠意盎然的山中景致映入眼簾，室內是舒服的榻榻米地板，外部大量採用落地窗，因此窗外景致一覽無遺，讓客人能一邊享用美食，一邊望山聽風。

山房主人是著名兼具修禪人與茶人身分的林炳輝先生。他巧妙融合中國詩詞文化、古琴、佛法等，也引用日本的菜色、杯盤食器、榻榻米等元素，營造獨特的空間氛圍。山房內皆採用厚實的原木桌椅骨董家具、各式花卉布置，走道間、牆上裝置大幅書法、國畫與紙製燈籠，讓人感受到濃濃中國風。來這裡不僅滿足味蕾，更有視覺、聽覺、觸覺的五體感受。

來客吃的是融合了台式、中式、日式、西式等元素的無菜單料理，隨時令季節變化，推出一道道創意佳餚，還同時嚐得到台灣傳統美食，如宜蘭糕渣、手工豆腐、健康醋、桑椹酒。

最後一道菜，是「食養山房」的招牌菜——百菇蓮花雞湯，仔細看，侍者小心翼翼的以筷子將乾燥蓮花置入湯鍋正中，熱氣薰習，花兒緩緩打開、綻放、花蕊露出，挺立不久，繼之緩緩倒臥湯裡。

這場景，令我想到一首詩，「朝看花開滿樹紅，暮看花落樹還空」，早上滿樹燦爛紅花，到了晚上花凋花謝，空餘枯枝。一道吃進肚腹裡的菜色，卻讓人觀看花開花謝，體悟人生無常，世間也沒有永恆不變的事物。

這道著名的「蓮花雞湯」充滿「禪」的意味，想當然耳，蓮花本身不會增加多少口味，但重點在花開、花謝的過程。如果看到花就等著夾來吃，那就是文化境界沒到位。

沉澱內心終得優雅自在

我經常用一個英文——**right fit**，來形容人與當下環境空間適切契合的感受。當人、場所與活動三個面向緊密且自然的結合，久而久之，就足以形塑一種文化。

「食養山房」，是林炳輝與其團隊創造出來的東方飲食新文化，因為精神氣韻獨到，至今沒有人可以複製。它的環境、空間與食物，拆分來剖析，在個別的餐廳、茶館、藝品店等其實都不難尋見。但是他們因為有一整套的哲學、文化涵養，以及遺世獨立的自然環境，才將單純的用餐喝茶，提升為一種文化意境的享受。

對空間及美學都很有見地的林炳輝，本身是修習多年的茶人。他強調茶人的修養，三十餘年的踐行經驗，他把自己的茶空間美學理念總結為安靜。讓茶客進入茶空間後，沉澱內心，收斂肢體，靜下心來喝茶。而且身為茶人，他也期許自己「盡其一事而無其他」的修練，不斷自我要求，走路、穿著、講話的語氣，日日磨之，最終才得氣定神閒。他用同樣的要求與方法訓練夥伴，甚至每天在服務之前，讓同仁先打坐定心。也難怪你看到的每一個細節，都是一派優雅自在。

對的人，讓廢墟變仙境

有趣的是，多年前，台北市文化局長李永萍有次特別來看我。當時「食養山房」傳出即將要由陽明山搬遷到汐止，她很著急，希望由我出面說服林炳輝將山房留在陽明山。她心急的說：「這是台北市的驕傲，不希望食養山房遷移出去。」

受她所託，我偕同林谷芳教授與林炳輝當面在台北談了一次，然後我又去了一趟「食養山房」的汐止新地址。不看還好，一看之下，也被汐止山區的環境打動。黃昏時，我們走一圈，林炳輝帶我們看溪水，一片漆黑之中，燈光正好打在水流動的波紋裡，煞是好看。我誠實地覺得應該搬，這個地方好得不得了。

可以想像，身為台北市文化局長的李永萍，將「食養山房」視為台北市的文化資產，這是人之常情。但是深入的體會，才了解真正的資產，並不是在於硬體，而在於人。

當對的人在的時候，廢墟可以變成仙境；當那個人不在時，仙境也會化為廢墟。即使搬到汐止，林炳輝就是有辦法將廢墟重新改變，讓造訪的所有客人都極為讚嘆，包括很多大陸傑出的企業家、藝術家。難道大家去是為了食物嗎？不是，而是他整體營造出來的風韻。不管怎麼搬，大家仍然久聞其名，老遠老早搶著訂位。這個地方，因為林炳輝的美學素養、文化深度及對口味的堅持，才能成就獨特的氣候。只要他人在，就可以將廢墟點石成金；一離開，也相形失色。

這個故事告訴我們，能不能創造出獨特的韻味，在於人的文化底蘊。沒有那樣的美學素養、精神氣質，硬體都是可有可無。林炳輝甚至想要縮小規模，他偶爾去大陸，但仍以台灣為根基，在一盞茶、一朵花之間，文化才是最大的加值。台灣的飲食與生活文化當以此為師。

文化，是「閒」出來的

在思考每個地方的定位時，我們往往找不到自己的方向，以為加法才是王道，但是卻忘了，留白，才能永續。

如同台灣人的驕傲——雲門，總是安靜優雅的在台灣醞釀一段時間，有了新作品，便帶著新舞作巡演世界一周，再回到自己的基地。外國朋友若想看雲門，可以親自飛來台灣，到淡水劇場實際感受震撼。林懷民實行的這種模式，不僅不受制於人，同時因為深扎於台灣這塊土地，保有厚實底氣，可以栽培年輕舞者，創作亦可生生不息。

此際，我也想再提一次我熱愛的花蓮與台東：東海岸一定要留白，讓大家能享受慢生活，無論是對國外遊客或當地居民。留白，才能平等，令所有人都能欣賞到太平洋，而不被人工建物擋住視線。過生活的、來禪修的、騎單車的、傳承與欣賞原住民文化的……，皆能在此適得其所。這時的台灣東部，才能永續。而無論人類再怎麼進步，都需要這一款「慢」。

詩人余光中多次提到「科技催未來快來；文化求歷史慢走」。對節奏敏感的老詩人認為，因為「快」，我們生活少了更深的滋味。「因為科技是忙出來的，可文化卻是閒出來的。當然這個『閒』，並非游手好閒、無所事事，而是無壓力、無功利性的目的，這樣我們在生活中就可以得到更多靈感和啟發。」

物質文明終究有其極限，人類必須在失速運轉的資本主義黑洞中，冷卻下來，放慢下來，所謂「行到水窮處，坐看雲起時」。物質欲望的盡頭，便是精神棄而存升的超越之處。

穆希卡的啟示

二〇一二年，前烏拉圭總統穆希卡在聯合國永續發展大會上的一席演講，讓他備受全球關注。他擲地有聲地批判消費主義、全球化等問題，人類無疑創造了巨大、充滿爆炸性的物質進步。同時，也不斷奴役自己，犧牲真正的生命幸福：「我們並不是為了如此盲目發展才來到世上，而是為了變得更幸福快樂。人生短暫，稍縱即逝，絕沒有任何物質享受能比生命高貴，這才是問題根本。」

七十五歲才選上烏拉圭總統的穆希卡，曾被美國《外交政策》期刊評為「世界最窮，卻最受歡迎的總統」，多次入圍諾貝爾和平獎。他住在市郊的自家農場，不住總統官邸，薪水九成捐出去做慈善，進出全靠一台車齡十幾年的老福斯金龜車。

穆希卡認為，稱他為「窮人」，是源於大家錯誤地理解財富。他說：「貧窮的人，不是擁有的少，而是欲望不知滿足的人。」而貪欲是惡之根本，人類過勞工作，以支應過度消費，同時竭澤而漁的繼續傷害這顆星球，「人們被迫賣命工作，只為了維繫這個『用完即丟』的社會，致使我們身處於惡性循環當中。

這不但是涉及政治本質的問題，也充分告知我們，是時候了，我們得奮力去開啟另一種全然不同的文化模式。」

留白，無限想像

最近，我們看到林懷民的「流浪者之歌」封箱最後幾場演出。只見舞台上千斤金黃稻瀑飛舞翻騰，華麗高亢。過去二十多年，「流浪者之歌」巡迴世界五大洲二十多個國家，超過兩百場演出。

最後，我凝視著舞台上那尊由王榮裕化身的佛陀，寂然不動站立在那裡，任稻穀以穿滴之力掉落，深深扎入光亮的顱骨，琤琤琮琮。然而他肉身怡然靜處，面目詳定，甚至衣紗紋絲不動，彷彿時光之雕。

總是在最後這幕，令我眼眶一熱。我多麼希望，台灣的人文風景，也能夠這麼定、這麼靜，氣韻幽長，因留白，而有無限想像。

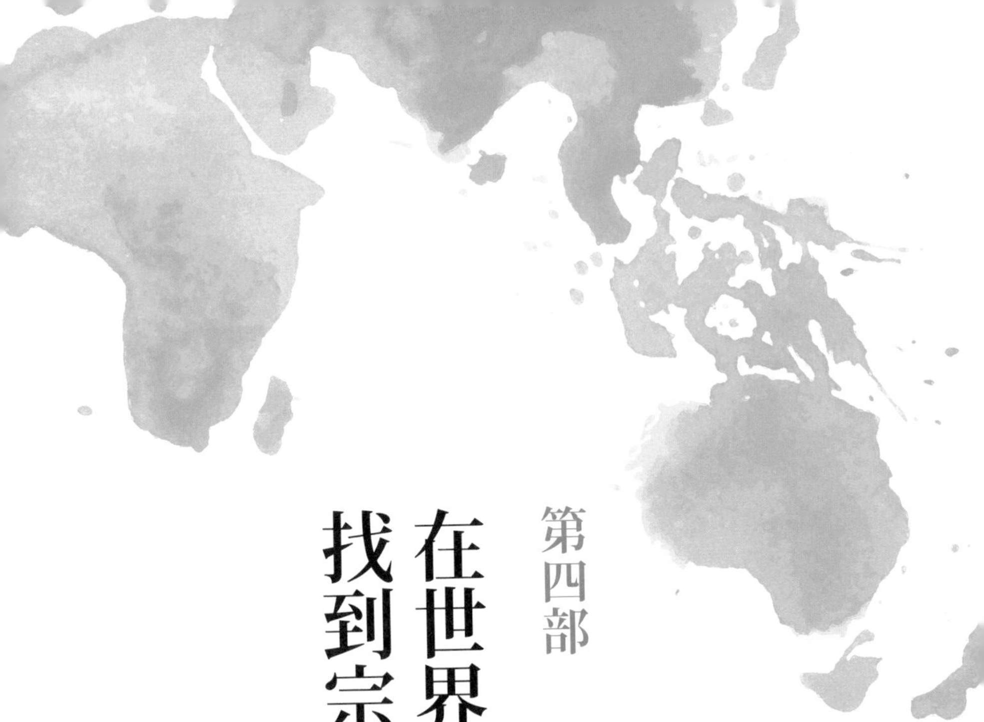

第四部

在世界地圖上，找到宗教的定位

一直以來，宗教都是台灣的優勢，
是最有力量的軟實力。
扮演著安定社會的重要力量。

人心若只想追尋物質以求取滿足，
根本是緣木求魚。
只有心才能找到心，
只有心才能對心說法、
只有精神力量才能安頓人世的無常。

宗教就像地表底層的伏流，
綿延如縷、靜水深流，
以柔韌剛強之姿，
形塑出台灣文化獨特的精神面向。

11.

大師消失，典範難尋

多年前，我曾受聖嚴法師邀請，擔任法鼓山的總體營運顧問。當時適逢法鼓山要由北投農禪寺搬遷到金山三界村「佛教園區」的關鍵時期。

法鼓山從北投一個小禪寺，一下子放大了十倍，除了硬體建築之外，更牽涉很多動線安排、食宿管理、後勤管理……。一場法會動輒八、九千人，甚至上萬人，各種暴增的需求與安頓，應運而生。或許聖嚴法師認為我是旅館專家，希望我提供規畫上的建議。

猶記得當時我們初次見面，在農禪寺的小書房面對面獨處對坐。我表示很願意為聖嚴法師做事，但是要有一些「分工」。

佛事與俗事

宗教家一輩子追求的是出世境界，強調無我，心無罣礙，以八萬四千法門來度眾生，專心實踐佛法。我歸納他老人家每天面對的工作，無非「佛事」與「俗事」兩件事。以聖嚴法師的精神高度，精深的修行，根本是俗眾如我所遙不可及的，因此我說：「佛事我無法幫忙，我只能為您分擔俗事，讓您有更多心力專注於佛事，影響更多人。」聖嚴法師非常開明，欣然點頭。

「俗事」對佛門中人是最不重要的，卻也最需要專業的人來代勞。畢竟「形而下」與「形而上」各有各的律則，很難一概等同。我還延攬了一位經營專家好友，一起幫忙。

那次見面之後，開啟了我與聖嚴法師長達三年的密切往來。身為顧問，我清楚自己是一個外人，保持一種非常清澄冷靜的心，提出我誠摯的建言。每次顧問會議總是圍繞著經營、管理、動線改變、樓層空間規劃、永續等議題。我很享受，也很珍惜與大師三年的相處。我誠心的建議，由專業經理人幫忙打理俗事；佛門中人專心修行，度化眾生，造福信眾心靈。

擔任顧問一段時間之後，我建議，最重要的是必須舉辦「共識營」。於是在法師的首肯下，聚集了法鼓山出家及在家的百餘名核心弟子，兩天一夜同吃同住，進行長時間深度的溝通，最後甚至觸及了法鼓的「接班與傳承」問題。

傳法不傳人

我在「共識營」談到永續經營的過程中，站起來發言：「諸位，容我直言，未來師父是不會有接班人的！」當時，聖嚴法師在場，話語落定，全場靜默，彷佛嚇了一跳。我繼續解釋，以聖嚴師父當時的社會聲望與影響力，無論誰都無法取代師父的位置，即使接下師父的位置，也沒有辦法接下法師數十年累積的公信力與世界宗教領袖的地位。所以，事實上，沒有一個人可以完全接班。

我繼續道：「在我的觀察中，法鼓山真實的核心價值不在硬體的大小，而是師父念茲在茲的所謂《農禪家風》。」這只是一本薄薄的小冊子，卻是聖嚴法師告訴弟子，從心靈到物質上環保的態度。換言之，這才是法鼓山的核心精神。

我當場力陳，如果無法找到自己組織的「核心價值」，不論哪一位個別的法師接班，都無法永續，「但是，如果能將家風延續下去，在座每一位都是師父的繼承人，都是他的接班人，而不要期待有一個人，可以接替師父的角色。」當下大家聽了都很震撼。

宗教團體與所有企業一樣，必須與時俱進，亦須時時檢視自己的核心價值，共同持守，方可走向永續。這是台灣宗教界及非營利組織的共同課題。

誰是接班人？

這是一個大師消逝、典範難尋的時代，很多企業、組織，同樣面臨到接班傳承與組織永續的問題。

近來有媒體分析指出，台灣上市櫃企業中，超過七成四都是家族企業。第一代台灣家族企業領導人平均年齡超過六十歲，正面臨傳承問題。

專家也引用美國布魯克林家族企業學院所做的調查，發現西方家族企業自第一代成功傳承到第二代的比率僅三成，東方家族企業更低，只有百分之十五；

東、西方家族企業傳到第三代比率都只剩一成多。簡言之，不論東、西方，家族企業「富過三代」的比率幾乎都不高。

值得深思的是，台灣家族企業有高達百分之五十八的比率，仍想將企業的「經營權與所有權」交給下一代，大大高於全球家族企業的百分之三十九。這顯示，台灣大多數家族企業仍然「傳子」多於傳賢。

「傳子」多過傳賢，對於一家企業往往是危險的。有些是第一代企業領導人不想交班，有些則是第二代不想接班，上下沒有共識。更重要的是，無形的創業精神、經營心法及企業文化，很難具體交接、承傳。如果又加上家族分家分產後所產生的矛盾與衝突，問題就益發嚴重。

這個世界已經沒有界限，做為真正的掌舵者，必須認清自我的局限。除了必須隨時掌握世界最新趨勢，謀求最有利於競爭的未來，最重要的工作，就是找到能夠帶領企業走向永續成長的專業經營團隊。

任何負責任的企業或組織，其交班是一項長期且重大的培訓及轉移過程，非一蹴可成。除了要經過長期的授權與培養，更必須與時俱進，公司在規模小的時候善於管理的人，未必在放大規模以後仍能夠掌握。真正的專業經理人必須持續被給予機會，甚至於允許犯錯。隨著世界競爭的國際化，經營者更要有能力與國際接軌，全球覓才。在不同的階段找到最有能力的個人或團隊，帶領公司走向永續，才是一個經營者必須擁有的能力。

尤其，上市上櫃公司是社會的資產，接班人影響的豈止是家族，更是所有員工的未來、其他投資人及社會的成本。在這個無國界的商業戰場，台灣無論國家或企業，都缺乏培養國際人才的長期機制。

領導人的自覺能力

創業企業家很少同時兼具溝通、領導、行銷、財務等專業條件。他們學業表現或許不出眾，但是創業膽識過人，運用機敏的手腕與吃苦耐勞的決心，在台灣發展的黃金年代，幸運地抓住了機會的浪頭，縱身一搏，攀上高峰。然而，當一個企業走過成長的快速發展期之後，領導人就必須開始認真的研究分工、分責的問題。善用他人的眼睛或智慧，來重新校準自己，取人之長補己之短，同時還要積極儲備人才，規劃接班的專業團隊。

我在亞都飯店擔任專業經理人時，非常用心於培養未來的專業人才及領導班底。等業務步入正軌後，我幾乎每年都精挑六個海內外菁英幹部到各部門歷練，經過至少一年的輪流見習之後，再決定他們最能發揮的領域，讓他們繼續深入學習鑽研。

對於現有的部門人才，為了打破他們的本位主義，擴充他們對其他部門的了解，我甚至會做許多橫向的交叉輪調。比方：客房部幹部調到餐飲部，餐飲部幹部調到客房部，前台調到後台，後台調到前線。有些要晉升到高級管理部門的同仁，我甚至會刻意將他們調到人事部門、後勤部門、行銷部門等。之後我更利用「世界傑出旅館聯盟」等各種關係，把他們送到國外結盟的知名飯店受訓，目的乃是為了打開他們的視野。

總計過去十多年，培養了無數人才，也多在不同領域施展長才。他們每每在退休或轉業後，仍然認為最扎實、難忘的回憶都是在亞都共事的過往。

領導者的無知、無能、無為

不論是一個國家、公益組織、入世的企業，乃至強調出世的宗教界，領導者都要有自知不足的謙卑，以及傾聽的胸襟。根據我一位居住在美國的科技界朋友描述，美國總統辦公室就極能善用各領域的專才，除了擁有強大的幕僚團隊之外，還網羅了各領域的高手，醫療、教育、國防、經濟、科技等議題，都各有諮詢團隊。遇到任何複雜的問題都會透過管道，分別丟下來給負責領域的召集人，在經過專業團隊的深度討論後，濃縮成一頁的結論，供總統參考。

任何一項管理工作，都是一個整合眾人智慧與能力的工作，而非單靠個人表現。身為領導者，必須能善用人才，如果不謙卑傾聽各種意見，慢慢的，言論會趨於同一化，很多進步的想法都會消失。

談到此，不得不重提當年胡適博士曾因故進諫蔣中正先生的一段話，這段話至今仍值得每一個領袖借鑑，大意是：「做為領導者，不應去干涉許多瑣事，要自處於無知、無能、無為，當以眾人之智為知，以眾人之能為能，以眾人之為為為。」這是今天所有身為領袖的人都應該具備的風範，這段話，也值得每一個人深思。

下台的背影

或許在以前封閉的年代，資訊流通有限，我們仰望很多大師，他們一開示，總令人感到豁然開朗。而今天知識已全面開放，甚至可以說是進入「除魅」的年代，很多時候，我們已經從靠別人來教導我們，走向靠自己來修練自己。如何找到不繫於「一位個人」、「一位上師」的價值，是當前重要的修練。

我們的一言一行、一舉一動都將直接影響下一代。如果麻木度日，為了自己短暫的利益而犧牲下一代的幸福，那麼斷送的將不只是年輕人的未來，還有目前沒有發言權的下下一代的希望。

我們要戒慎恐懼，當我們不為後代設想時，他們將如何評論我們的功過？我們得自省：你將留下什麼樣的「下台的背影」讓後面的人說？

12.

面對大佛最美的時刻

二〇一六年九月十一日下午，我與摯友、作家龍應台，到高雄佛光山拜訪星雲大師。

大師知道龍應台喜歡在戶外談話，因此刻意挑選了新建成的「藏經閣」迴廊一角等著我們。黃昏時分，夕陽斜照，眼睛不太好的大師，一身袈裟，卻戴著酷酷的墨鏡，慈藹可掬。

談話中，我從「藏經閣」遠眺前方，整個「佛陀紀念館」竟然那麼莊嚴而靜美。長長的走道，一棟棟的塔，金剛怒目、菩薩低眉，而遠遠的大佛聳立無言，俯看芸芸眾生的慈顏，那種美，令我震撼。

佛門最美的時候

我發現「佛陀紀念館」最美的時候，就是清晨五點鐘到開館之前，與傍晚六點鐘之後，山門關閉，沒有遊客的時候。

會如此感嘆的原因是，如今「佛陀紀念館」已經是南台灣的觀光勝地，受盛名之累，一年竟超過一千萬人次參觀，每當山門一開，從早上九點到下午五點總是人來人往，遊客盈門，眾聲喧譁。

「佛陀紀念館」雖然無法避免大白天裡各式各樣前來朝拜的觀光人潮，然而轉念一想，佛門若想要度化人，就不能把訪客當成「觀光客」對待，反而要改變他們來訪的心理情境，讓人一走進這裡，一顆心便能自然安頓下來。

相對於白日的熱鬧哄哄，當山門一關，遊客散去，四下寂然的時刻，其實才是「佛陀紀念館」最動人的時分。

你可以想像在佛陀低眉注視下打坐、禪修，月亮從天邊一角升起，這種定靜與清涼，無可取代的氛圍與靈氣，便是佛門給俗家人最好的禮物。

雖然並非人人都是佛教徒，但是「禪修」的精神，以及對心的訓練，卻是向所有人開啟的，這也是宗教最能與社會溝通互動的一面。

因此，整個寺院場域所凝塑出來的氣氛便極其關鍵。若能讓每個來到這裡的人，在腳一踏入院門的那一刻，心就能立定下來，那麼每當他日後遇到任何煩心、擾動或人生關卡，都會記得回來。

台灣的文化軟實力

星雲大師常說，人要淡定面對無常、放下罣礙、體證無我、消除我執以服務人群，這種精神是所有功利導向的社會非常需要內化的元素，也是目前中國大陸最需要的精神良方。星雲大師所帶領的佛光山，以慈悲之心滋潤了台灣，而今壯盛之後，正可適時回饋大陸，這也是台灣發揮文化軟實力的最佳時機。

其實，沒有深入特定宗教信仰的我，因著特殊的時空背景，有幸與很多宗教大師結下了殊勝的因緣。自從多年前出版《總裁獅子心》之後，我跟幾位影響台灣的佛教大師，就分別在不同時期，因緣際會的產生奇妙的對話。

早在二十多年前，慈濟曾邀我去參加「靜思營」，直到今日已先後不下十次在慈濟的各個講堂分享不同的議題。二〇〇六年底，星雲大師八十歲生日前夕，宣布「封人」，意即不再從事各種公眾活動，引退為清修安養為主的雲水禪僧。當年他做了最後三場公開演講，邀請單國璽主教、前總統馬英九及我，分別在三個週末針對不同的議題與我們對談。當然我另外還有一段與聖嚴法師的深厚因緣，以及與各大宗教朋友的情誼。

長久以來，我一直認為宗教在台灣扮演極為重要的角色，甚至可以說，宗教一直是台灣的另一種文化優勢，有著重要的安定力量。它就像地表底層的伏流，綿延如縷、靜水深流，以柔韌剛強之姿，形塑出台灣文化獨特的精神面向。

快速回顧一下歷史，中國社會在長達半個世紀的漫長時光裡，從清末列強欺凌、民國之後軍閥割據、抗日北伐到國共內戰，治亂無常，導致平民百姓飽經戰亂、顛沛流離，每天面對血肉橫飛的場景，上自家國，下至個人，最迫切關注的是如何求生存、求安定。大環境如此險峻，所以當時「出家人」在一般民間並沒有什麼社會地位，往往只被視為求神拜佛的依附力量，而且只有在舉行誦經超渡法會的喪葬場合才會被想起。很多高僧即使修行高超、懷抱精深的宗教理念，面對戰亂當前的不安社會，也少有機會施展宏法大願。

人文藝術因此提升

台灣戰後這六十多年，隨著經濟起飛、教育普及，整體社會人文思想也有長足的發展。在這段時間的變遷中，人心極度想要安頓，宗教力量則適時扮演了這個重要的角色。當民眾面對人生的無常，以及許多生命中無法解釋的迷惑，宗教家會及時將他們的語言，化成那撫慰人心、安定社會的力量，同時也讓這些從大陸東渡來台的宗教高僧、精神導師，找到了信眾、得到了知音、有了舞台，佛教終於在台灣煥發慈悲的能量。從過去到現在，他們都是台灣隱形的精神導師，讓我們社會不致於走向張揚。

流風所及，佛學同時影響了台灣的文藝界。從雲門的舞者、優人神鼓的修道者到漢唐樂府的藝術家們，以「禪修」做為靜心養性的基本功，就連台灣的茶人也以打坐定安身心。足見從宗教中提煉出來讓心情沉澱的力量，變成台灣藝術提升與轉化非常重要的元素。可以預見，未來，宗教將在台灣繼續扮演不可或缺的角色。

華人社會的心靈力量

隨著時間的挪移與翻耕，台灣的宗教已經從初級的祈求平安，走向內斂的心靈活動，甚至可以帶領人面對生命無常，修行無我的境界。當然不只是佛教，我始終覺得基督教、天主教這些神父、修女們，從遙遠的歐洲來到台灣，退隱在台灣每一個貧困的角落，在台灣社會仍未開化、對原住民仍充滿歧視時，他們用宗教性的愛，安撫受壓迫者的心靈。同時以捐物資、蓋醫院、建學校等各種方式扶助弱勢，救濟偏鄉民眾，改善他們生活，成為安定偏鄉的一座燈塔。

我總是認為，宗教是台灣的優勢，是最有力量的軟實力。人心若只想追尋物質以求取滿足，根本是緣木求魚。只有心才能找到心，只有心才能對心說法、只有精神力量才能安頓人世的無常。

因此，我們的格局應該提高、放大成如同「最幸福」的小國不丹，追求心靈的滿全勝過於物質的肥腴，才能成為華人社會的心靈力量，也從中找到宗教組織的自我定位。

尾聲

我們除了彼此互愛，
沒有別的選擇

二〇〇〇年八月，聖嚴法師時任世界宗教組織的輪值主席，受邀前往美國紐約，在聯合國舉辦的「世界宗教及精神領袖和平高峰會議」開幕式中致辭。聖嚴大師成為有史以來第一位登上聯合國會場演講的台灣宗教人士。

他以漢傳佛教領袖的身分，在當時聯合國祕書長安南之後發表開幕演說。這是何其尊崇的時刻！聖嚴法師穿越國際局勢的橫逆、政治紛擾阻隔，為和平直道而往、戮力實踐，是多麼珍貴的身教示範。

聯合國上的心靈呼籲

他直言，宗教都是倡導和平，但無可否認的，很多戰爭卻因宗教而起，甚至同一宗教互相殘殺。他提出，隨著時代改變，人類更密切交流溝通之際，當代宗教家有義務在過去數千年的傳統中，重新詮釋不合時宜的教義。在這場珍貴無比的發言中，他是這樣說的：「我誠懇的建議，為了世界的永久和平，如果發現你所信奉的教義，有不能寬容其他族群之點，若有與促進世界和平牴觸之處，都應該對這些教義做出新的詮釋。因為任何一個健康的宗教，都宜與其他族群和平相處，就能逐步影響世界人類，遠離各種戰爭。」

聖嚴法師指出一個事實：「物質的貧窮，使人的生命受到威脅；精神及心的貧窮，使人的生活環境失去平安和幸福。因此，我們的團體法鼓山，正在推行一項運動，名為『心靈環保』。從每一個人的心靈淨化做起，使每一個人的內心，充滿對生命的感恩和慈悲，就會將努力的成果奉獻給他人。」

最後他語氣強毅，懇切地呼籲：「我們除了共同運用各種方法，保護這個地球的生存環境，沒有別的選擇；我們除了撤掉一切人與人之間的隔閡及障礙而彼此相愛，沒有別的選擇。」

台灣何其有幸曾經擁有這樣一位世界級的精神導師，在這紛擾的世界裡，使我們找到心靈的依靠與指標。

很可惜，大師的這場世紀談話，並沒有持續引起更多迴響。如今時隔十多年，經歷過全球偏執的宗教禍害、泯滅人性的殘殺，如：二〇一六年初以來，自北非和中東的難民前仆後繼湧向歐洲。近來，飽受內戰烽火重創的敍利亞第二大城阿勒坡（Aleppo），爆發各種慘無人道的戰爭惡行，無數平民喪生，難民潮持續增加。我對人類前景感到擔憂，也更加感受到聖嚴法師的真知灼見，這也是我願意藉本書再次提及的原因。

誰都沒有想到，在自己的有生之年，可能迎接人類史上最極端的氣候變化、最快速的科技浪潮、最殘酷的戰爭、最強烈的人文與心靈安頓的呼求。

然而，我想在本書的〈尾聲〉指出，在如此變動不居的世界之中，仍有永恆不變的價值——人性的善與愛。

來自波士尼亞的母親

全球行動主義者、資深公益慈善家琳恩·崔斯特（Lynne Twist）女士，在她著名的《金錢的靈魂》書中，記述一個值得省思的故事。一九九五年，在北京舉行的聯合國第四屆「世界女性會議」中，超過五萬名來自世界各地的女性齊聚一堂，分享她們的生命故事，向世界發聲。

崔斯特女士觀察這些來自全世界的女性，從她們的穿著打扮得知，其中不少人來自窮困地區，必須變賣家產、農田，或得工作一、兩年來籌措出國的機票旅費。她們等於是窮盡一輩子的力氣，只為來到現場說出自己的故事。因此，帶著生命血淚的每一個故事，都那麼令人心痛與震撼。

其中，一位波士尼亞女性的故事，縈繞我內心，久久不去。

波士尼亞是一個苦難的民族，這位女士的現身，凸顯出當年黑暗的時代背景。南歐巴爾幹半島的南斯拉夫素有「七條國界、六個共和國、五個民族、四種語言、三種宗教、二種文字、一個國家」之稱，可見其衝突的複雜性，亦被稱為歐洲的「火藥庫」。

九〇年初，南斯拉夫聯邦解體，波士尼亞與赫塞哥維納在一九九二年宣布獨立，簡稱波赫聯邦。波赫聯邦的克羅埃西亞人和波士尼亞人試圖從南斯拉夫獨立，卻遭到塞爾維亞人堅決反對，隨即於一九九二年四月爆發戰爭。長達三年半的多方交戰，總計造成約二十萬人死亡，超過兩百萬人淪為難民。一度繁華、現代的塞拉耶佛城，更成為人間煉獄。

可憎的是，戰爭中最常使用的卑劣手段便是強暴敵方婦女，讓她們「懷敵人的種」。

我仍會愛他

這位波士尼亞女性被敵方軍人捆綁在木樁上，眼睜睜看著丈夫及兒子被殺死，然後被強暴。十天之內，她宛如性奴，接連被強暴達十五次之多。

充滿暴力及仇恨的男性，一個一個在她身上施加各種難以想見的性攻擊。（此刻寫下這樣的故事，我的手都是發抖的。）

最後，她，懷孕了。

她領出所有的積蓄，只為來參加這次大會，道出她的故事，同時聆聽他人的見證。令人意想不到的是，她在談話中公開宣誓，她要向在場的所有女性保證，會以無條件的愛，將這個敵人的孩子養育成人。她保證，儘管這孩子是透過如此慘無人道的方式降臨，她仍會愛他，讓他在一個沒有戰爭的環境出生、成長。

這位我們從未曾謀面的波士尼亞母親，將帶領孩子，兩人畢生奉獻於和平工作。她的故事感動了所有人，見證完畢，在座所有人無不動容，許多人早就熱淚盈眶。

這個故事，引發我們對於人性善惡的省思。仇恨不能止惡，唯有愛可以終結這種以殘暴行徑合理化的戰爭。對比於她的偉大，我們在承平之世所做的事情，顯得何其微不足道。

和平是唯一的道路

畢生倡導「和平非暴力抗爭」的甘地曾說：「真理的追求者，必須比一粒灰塵更謙卑。」他為了爭取印度獨立曾先後四次入獄，且在獄中以絕食的方式實踐不合作運動，成為印度精神領袖。一九四八年一月，他剛結束絕食，在眾多信徒們陪同下參加祈禱會。一名狂熱分子混入人群中，一面彎腰向甘地問好，一面迅速掏出槍，近距離朝他瘦削的胸膛連開三槍。然而在中彈倒地瞬間，甘地衰弱地舉起手（這個手勢在當地宗教文化裡表示寬容），發出最後的聲音：「請寬恕這個可憐的人。」

我的能力與影響，雖然都不足以與這些偉大的人物相提並論，但是他們所塑造的典範，卻是此時此刻人類最需學習的標杆。我也願用我餘生的力量，追隨這些偉大人物的腳步，誠心宣導與追求世界的永久和平。我們除了彼此相愛，沒有別的選擇，因為通往和平沒有其他的道路，唯有和平是唯一的道路。

後記

名聚人散，名散人聚

「公益平台」成立之後，我經常在不同場合，遇到很多朋友詢問：「為什麼『公益平台』沒有名字？」或乾脆提議：「怎麼不取名為『嚴長壽公益平台』？」

關於「公益平台」的命名，背後有個小故事。大約八年前，「公益平台」籌組之初，我請教英文比我好的摯友龍應台，為基金會的英文名稱提供建議。果然，她給我一個神來之筆——「alliance」，這個字本身就是聯盟、夥伴的關係。「公益平台」不要加上任何名字的用意便是，這是一個結合大家群策群力的組織。從基金會的角色來看，「名」代表成就，一定要分享給大家。

二〇一六年九月中，基金會在台東舉辦了一場內部共識營，我與夥伴們分享平常企業界傳頌的這樣一段話：「財散人聚，財聚人散」；那麼，如果轉換成公益的角度，我認為則是：「名聚人散，名散人聚」。

一個沒有自己名字的平台

「公益平台」的角色，是幫助每個人或不同的夥伴基金會，找到他們自己的定位與方向，綻放自身的光芒與能量。有時候我們合作，有時候分工。一開始，平台先來扮演帶領、示範、鋪陳的角色，對於沒有人做的事情，我們必須走在前面。一旦鋪陳好就可以讓更多外界的力量進來，繼續發揮影響力，同時將別人推至前頭。當其他人或夥伴基金會開創出自己的方向，平台便走到幕後擔任支援或協同的角色。如此，我們將看到更多的參與、更快的改變，以及更多的繁星誕生，而不是只有平台一個明星！

好比當我發現國外盛行「可汗學院」時，就告訴「誠致教育基金會」董事長方新舟，而後他創立了「均一教育平台」。當我們發現有人做得很好，卻單打獨鬥時，我們就為他們找尋後援；譬如創辦「學思達教學法」的中山女高張輝誠老師。我們發覺他同時要教學又要演講、推廣，一個人相當辛苦。於是便為他找了一個專案經理，協助他處理事務性的工作。又如更早成立 Taiwan Connection 的音樂家胡乃元，以及在台東安靜創作的藝術家江賢二老師，他們的藝術專業是我做不到的，但我可以為他們打理「俗事」，讓他們無後顧之憂地繼續往前衝。

因此「公益平台」沒有自己的名字，表明我們要守護在身後協助各個夥伴，如同我們平台的 logo。我隨手畫下四個人，高舉雙手，共同承擔一個平台，代表大家共同在背後出力，推動各種公益志業。

改變的可能

回顧我的一生，其實早在投身「公益平台」之前，我已經在扮演平台的角色。

其中之一，就是協助不同階段對社會有貢獻的專業者分攤俗事。這些專業者有時是藝術家，有時是文化人，有時是宗教大師，有時則是教育家，當然也有需要在關鍵時刻扶一把的弱勢朋友。協助的工作範圍有時是行銷，有時是財務，有時是募款，有時則是行政與管理。

只是這個平台的角色，已經從過去的業餘走向現在的專業；更感謝我從當時一個人獨鳴，到現在變成了眾人合奏！

我要感謝基金會的每一位公益投資人，他們都是平台的天使，他們投資的回報不在於「金錢」，而在於社會的「改變」。

但或許我們推動的很多改革，並不會立刻見效，甚至有生之年，也不一定看得到結果。任何一個會計算「投資報酬率」的投資者，大概不會做這種「傻事」。而「公益平台」這些可愛的天使都是程度不一的傻子。想想，投資「未來的改變」？這不只是良善的浪漫，更是對台灣社會能夠正向改變、找到出路，抱持著堅定的信念。

我很早就領悟到，生命中最大的成就，往往不在於我們分內做了多少事，而在於分外能為社會做多少事。而人生最大的成就感也來自於付出後，看到別人的成功與光彩。「名聚人散，名散人聚」，如果大家都用這種心態面對未來，台灣就有改變的機會！

本書要特別感謝高教授、王發行人的支持與鼓勵，及編輯同仁錦勳、章瑜、萱人、思芸、怡琳、嘉鎂、玲瑩，及天來總經理、馥鶥、仁傑、富晟等行銷同仁，設計部門議文、健邦，以及公益平台的尹熙、海蒂、希平等人共同努力，一起成就本書的出版。謹此致謝！

最後我希望把發行這本書的版稅全部捐給「公益平台」，做為自己對基金會微薄的奉獻。

心理勵志 BBP396

在世界地圖上找到自己

作者 — 嚴長壽
採訪整理 — 吳錦勳、成章瑜、馬萱人、高嘉鎂、林玲瑩

事業群發行人／CEO／總編輯 — 王力行
副總編輯暨責任編輯 — 周思芸
編輯協力 — 陳怡琳
特約校對 — 魏秋綢
封面設計 — 張議文
美術設計 — 李健邦
攝　　影 — 廖志豪

出版者 — 遠見天下文化出版股份有限公司
創辦人 — 高希均、王力行
遠見・天下文化・事業群 董事長 — 高希均
事業群發行人／CEO — 王力行
出版事業部副社長／總經理 — 林天來
版權部協理 — 張紫蘭
法律顧問 — 理律法律事務所陳長文律師
著作權顧問 — 魏啟翔律師
地址 — 台北市 104 松江路 93 巷 1 號 2 樓

讀者服務專線 — (02) 2662-0012 ｜傳真 — (02) 2662-0007；(02) 2662-0009
電子郵件信箱 — cwpc@cwgv.com.tw
直接郵撥帳號 — 1326703-6 號　遠見天下文化出版股份有限公司

內頁排版 — 張靜怡
製版廠 — 東豪印刷事業有限公司
印刷廠 — 祥峰印刷事業有限公司
裝訂廠 — 中原造像股份有限公司
登記證 — 局版台業字第 2517 號
總經銷 — 大和書報圖書股份有限公司 電話／(02) 8990-2588
出版日期 — 2017/01/06 第一版
　　　　　2017/02/20 第一版第 4 次印行

定價 — NT$ 330
ISBN — 978-986-479-134-7
書號 — BBP396
天下文化書坊 — bookzone.cwgv.com.tw

國家圖書館出版品預行編目（CIP）資料

在世界地圖上找到自己／嚴長壽著；吳錦勳、成章瑜、馬萱人採訪整理 .-- 第一版 .-- 台北市：遠見天下文化 , 2017.01
面；　公分 . --（心理勵志；BBP396）
ISBN 978-986-479-134-7（平裝）

1. 言論集

078　　105024165